Master of Business Administration

MBAのための基本問題集

戦略, マーケティング, 組織行動,
会計・財務, ビジネス経済・統計

小樽商科大学ビジネススクール [編]　改訂版

Basic Training

同文舘出版

改訂版はしがき

　マーケティング、戦略、組織、会計・財務の4分野で学ぶ基礎的知識を確認できる問題集があるとMBA教育で効率的だろうという思いから2009年に出版された本書は、幸い多くの読者に支えられて版を重ねることができました。心より感謝申し上げたいと思います。

　基礎的知識を問うというコンセプトでありながら改訂を決めたのは、MBAのためには経済学的知識と統計的知識が不可欠であり、その重要性がこの5年間で相当増してきたと考えたからです。そこで、第5章として、ビジネス経済学・統計学の50問を追加しました。カテゴリーは、これまでの教育経験を生かして、マクロ経済、顧客と利益、戦略的思考、産業構造とイノベーション、統計とデータ、統計と確率の6つとしています。また、既存の4章についても見直し、選択肢を変更したり、数値を変更したりと、より良い問題を目指して手直しを加えました。

　全305問という問題量は手軽とはいえないかもしれませんが、MBAの学習時間から比べれば、短時間といえるのではないでしょうか。初版と同様に、MBAの志願者、学生、修了生だけではなく、広くMBAレベルの学習に関心のある方にチャレンジしてほしいと思います。

　最後に、改訂の企画から編集まで同文舘出版の青柳裕之氏には大変にお世話になりました。厚く御礼申し上げます。

2014年9月

執筆者一同

はしがき

　社会人の知識獲得とスキルアップの手段としてのMBA（Master of Business Administration；経営管理修士）は、わが国でも相当広まってきました。その一方で、MBAをとると、何ができるようになるのか、という疑問も多く聞かれます。MBAへ投資するかどうかを判断しようとする際、この疑問に対する説得力のある答えが必要となっています。

　他方、MBAに対する理解が広まるにつれ、何を学ぶのかについて、多くの書物が刊行されています。知識をそうした書物で獲得したいと考えている社会人は相当多いでしょう。ところが、そうした書物での学習で困るのは、身についたのかどうかを簡単にチェックする手段や機会がないことです。もちろん、MBAの現役学生や修了生にとっても、学習事項のチェックは欠かせないでしょう。

　これらのニーズを満たすべく、この問題集は誕生しました。本書はMBAで学ぶ基礎的知識を4択式の客観問題の形で整理し、短時間で知識を確認できるようになっています。分野としては、マーケティング、戦略、組織、会計・財務を対象にしました。MBAの志願者、学生、修了生の他、広くMBAでの学習に興味ある方やMBAレベルの知識に関心のある方にも、本書を使って学習していただきたいと思います。コンパクトながらも解説をつけましたので、各自の工夫で上手く使ってほしいと考えています。分野名や見出しを見えないようにして解答する、というのも1つの訓練方法です。難易度が数段階は上がるはずです。

　マーケティング、戦略、組織、会計・財務の4分野で学ぶ基礎的な知識を確認できる問題集があるとMBA教育で効率的だろう、という同僚間の普段の会話から本書の企画が生まれました。企画から刊行までに思いの外時間がかかりましたが、この間、問題の内容について、多くの方にチェックしていただきました。

ご多忙の中、ご協力いただいた、猪口純路先生（広島市立大学准教授）、片岡洋人先生（明治大学大学院准教授）、工藤秀雄氏（神戸大学研究員）、坂柳 明先生（小樽商科大学准教授）、松本康一郎先生（北星学園大学教授）にはこの場を借りてお礼申し上げます。また、このプロジェクトの初期段階では、松尾 睦先生（現・神戸大学教授）に中心的な役割を担っていただきました。彼の出版に対する情熱がなければ、本書は完成しなかったはずです。

　最後に、出版の企画から編集に至るまで、同文舘出版の青柳裕之氏には辛抱強くご助言をいただきました。厚くお礼申し上げます。

2009年10月

執筆者一同

● MBA のための基本問題集　目次 ●

第1章　戦　　略　　　1

- I　戦略コンセプト……………………………………………2
- II　企業環境…………………………………………………8
- III　バリューチェーン・経営資源…………………………20
- IV　事業戦略………………………………………………28
- V　全社戦略・ドメイン・ＰＰＭ…………………………36

第2章　マーケティング　　47

- I　マーケティングの役割…………………………………48
- II　環境分析とポジショニング……………………………54
- III　製品とブランド戦略……………………………………62
- IV　戦略的価格設定…………………………………………74
- V　プロモーションと営業戦略……………………………82
- VI　流通チャネルのマネジメント…………………………90
- VII　マーケティング・リサーチ…………………………100

第3章　組織行動と人的資源管理　　109

- I　組織行動学と人的資源管理……………………………110
- II　モチベーション………………………………………118
- III　ロジカルシンキングと能力開発………………………126
- IV　コミュニケーション…………………………………132

v

Ⅴ　リーダーシップ··········150
　　Ⅵ　組織としてのシステム··········154
　　Ⅶ　組織変革··········162

第4章　会計・財務　　169

　　Ⅰ　企業会計の概要··········170
　　Ⅱ　貸借対照表と損益計算書··········176
　　Ⅲ　キャッシュフロー計算書··········182
　　Ⅳ　企業集団の会計··········186
　　Ⅴ　財務諸表分析··········194
　　Ⅵ　原価の測定··········196
　　Ⅶ　製品原価計算··········200
　　Ⅷ　活動基準原価計算··········204
　　Ⅸ　ＣＶＰ分析··········208
　　Ⅹ　利益計画と予算管理··········216
　　Ⅺ　財務的意思決定··········222

第5章　ビジネス経済学・統計　　229

　　Ⅰ　マクロ経済··········230
　　Ⅱ　顧客と利益··········232
　　Ⅲ　戦略的思考··········240
　　Ⅳ　産業構造とイノベーション··········246
　　Ⅴ　統計とデータ··········252
　　Ⅵ　統計と確率··········264

第1章

戦　略

　第1章では「戦略論」に関する問題を扱います。問題は次の5つのカテゴリーに分かれています。

Ⅰ　戦略コンセプト
Ⅱ　企業環境
Ⅲ　バリューチェーン・経営資源
Ⅳ　事業戦略
Ⅴ　全社戦略・ドメイン・PPM

I 戦略コンセプト

問題 1
一般的に使われている"戦略"という言葉の起源をもつ言語は次のうちどれか。

① 英語
② ギリシャ語
③ フランス語
④ ドイツ語

問題 2
SWOT分析のSWが意味するものは次のうちどれか。

① 強み・弱み
② 脅威・強み
③ 機会・脅威
④ 弱み・機会

問題 3
戦略は3つのレベルに分けられる。上位のレベルから正しく並べられているのは次のうちどれか。

① 機能戦略、事業戦略、全社戦略
② 全社戦略、事業戦略、機能戦略
③ 機能戦略、全社戦略、事業戦略
④ 事業戦略、機能戦略、全社戦略

問題 4
事業戦略に当てはまるものは次のうちどれか。

① 事業ポートフォリオ
② 競争方法
③ 資源配分
④ 企業ドメイン

解答1 ②

解説 戦略という言葉は、ギリシャ語のストラテゴス（strategos）に由来し、将軍の術もしくは将軍の職分を意味している。もともと軍事用語であったこの言葉は、1950年の終わりに経営学の分野で広く利用され、現在では経営戦略論として固有の研究領域が確立している。

解答2 ①

解説 SWOT（Strengths, Weaknesses, Opportunities, Threats）分析は、戦略を策定するにあたって何を分析すべきかを示す最もオーソドックスな分析ツールである。SW（強み・弱み）分析は、内部分析とも呼ばれ企業の資源や能力が分析される。またOT（機会・脅威）分析は外部分析とも呼ばれ、企業の直面する環境要因が分析される。

解答3 ②

解説 戦略は、上位のレベルから全社戦略、事業戦略、機能戦略に分類することができる。全社戦略は本社のトップマネジメントが行う戦略的決定、事業戦略は事業部の管理者が行う決定、機能戦略は事業部門に属する各機能部門の管理者が行う決定として階層化することができる。

解答4 ②

解説 事業戦略は、ある事業の対応する製品・市場分野で競合他社に勝るために、どのように競争するかを決定することであり競争戦略とも呼ばれている。複数の事業をもつ企業では事業部レベルの決定となり、単一の事業しかもたない中堅・中小企業では企業レベルでの決定となる。

問題 5
全社戦略に当てはまるものは次のうちどれか。

① 資源配分
② 調達戦略
③ 競争範囲
④ 生産戦略

問題 6
機能戦略とは次のうちどれか。

① 競争方法を決定すること
② 生産部門の基本行動を決定すること
③ 経営資源を共有すること
④ 企業買収を決定すること

問題 7
ビジョンとは次のうちどれか。

① 過去に行った無数の意思決定
② 将来のあるべき姿
③ 定量化された数値目標
④ 具体的な行動計画

問題 8
ミンツバーグ（Mintzberg, H.）の定義した5つのPに当てはまらない戦略は次のうちどれか？

① ポジション
② パターン
③ プライオリティ
④ パースペクティブ

解答 5 ①

解説 全社戦略は、複数事業を営む企業のトップマネジメントが行う意思決定である。企業ドメインの設定、資源配分の決定、コア・コンピタンスの明確化などが全社戦略の主要な決定事項である。

解答 6 ②

解説 機能戦略は、生産部門や販売部門など、各オペレーション部門において行われる戦略的決定である。機能戦略では、事業戦略の方向性に対応して各部門の活動方針が規定される。機能戦略には調達戦略、生産戦略、販売戦略などがある。

解答 7 ②

解説 ビジョンは、戦略的意図（strategic intent）とも呼ばれ、将来において組織がどうなりたいのかという展望を示す。ビジョンは数値的な目標の提示ではなく、将来、組織がどうなっているかというイメージとして描写されるため、ビジョンの実現可能性をいかに組織構成員に伝えていくかがポイントとなる。

解答 8 ③

解説 5つのPは、戦略コンセプトの多様な定義を整理したものである。それらは、将来の行動計画としてのプラン（plan）、競争業者を出し抜くような策略（ploy）、行動の一貫性（pattern）、組織のものの見方や考え方（perspective）、外部環境に組織を位置づける手段（position）であり、各コンセプトの頭文字のPをとって5Pと呼ばれている。

第1章 戦略

問題9
□□□ チャンドラー（Chandler, A.D., Jr.）が提示した戦略と組織の関係に対する命題は、次のうちどれか。

① 組織構造と戦略は相互に作用しあう
② 戦略は組織構造に従う
③ 戦略と組織構造は独立して設計される
④ 組織構造は戦略に従う

解答 9 ④

解説　チャンドラーは、アメリカ大企業における組織と戦略の関係を歴史的に検討し「組織構造は、戦略に従う。」という命題を提出した。この命題は、後の戦略研究に対して大きな影響を与えている。

Ⅱ 企業環境

問題10
タスク環境に当てはまるものは次のうちどれか。

① ライフスタイルの変化
② 労働市場の変化
③ 貯蓄率の上昇
④ 出生率の低下

問題11
ポーター（Porter, M. E.）の競争の5要因モデルを基礎づける理論について正しいものは次のうちどれか。

① 産業組織論
② 資源ベース論
③ エージェンシー理論
④ ゲームの理論

問題12
競争の5要因において各要因の影響が強い場合に生ずる状況は次のうちどれか。

① 業界の利益を低下させる
② 業界の利益を高める
③ 業界の安定性を高める
④ 業界の売り上げを拡大する

解答10 ②

解説 企業環境は、一般環境とタスク環境に分類される。一般環境は、企業の上位レベルにあるシステムの特性であり、社会、文化、政治・法律、経済、科学技術などがある。タスク環境は、組織の目標設定や目標達成に直接に関わる環境であり、製品市場や労働市場などがある。

解答11 ①

解説 競争の5要因モデルを基礎づける理論は、産業組織論である。産業組織論は、市場構造（S）→市場行動（C）→成果（P）のフレームワークを利用して、3要素の関係から産業の効率性を理解する理論である。この理論はミクロ経済学の応用分野として登場し、完全競争が生じない条件を明らかにすることで競争の促進を図るという政策的な志向性をもっている。

解答12 ①

解説 競争の5要因は、業界の利益を低下させる要因を焦点としている。つまり利益を低下させる主体を競争相手と考えており、競争業者や新規参入業者だけでなく売り手（供給者）や買い手（顧客）、代替品業者も競争相手であるとし、競争状況を包括的に分析することを可能にしている。

問題13
競争の5要因に当てはまらないものは次のうちどれか。

① 代替品の脅威
② 業者間の敵対関係
③ 買い手との協調関係
④ 売り手の交渉力

問題14
参入障壁に当てはまるものは次のうちどれか。

① 規模の経済性
② 買い手の集中
③ 売り手の多さ
④ 退出の困難性

解答13 ③

解説 競争の5要因は、企業が属する業界の魅力度、つまり業界の利益率を規定する5つの要素を明らかにしている。それらは業者間の敵対関係、新規参入の脅威、買い手の交渉力、売り手の交渉力、代替品の脅威からなる。それぞれの要因は業界の利益を下げる影響力であるため、各影響が強い業界ほど魅力のない業界となる。

競争の5要因モデル

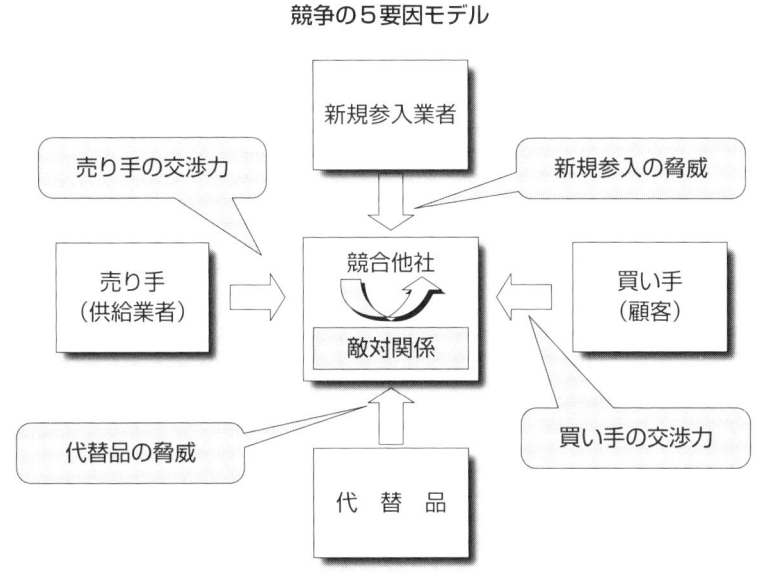

解答14 ①

解説 参入障壁とは、新規参入企業のある業界への参入意欲を低める業界の性質である。たとえば、ある業界に規模の経済性が働いているとき、これから参入しようとする企業はコスト的に不利になるため参入を控えることになる。参入障壁には、規模の経済の他に規模に無関係なコスト不利益（パテント、立地条件、経験曲線等）、製品差別化、流通チャネルへのアクセス、資金の必要性、政府の政策がある。

問題15 戦略グループとは次のうちどれか。

① 同一業界の中で、顧客層の違いにより分類される企業グループ
② 同一業界の中で、行動の違いにより分類される企業グループ
③ 戦略を遂行するために提携した企業グループ
④ 資本関係にある企業グループ

問題16 買い手の交渉力を弱めるものは次のうちどれか。

① 買い手の購入する製品が差別化されている
② 買い手が集中している
③ 買い手の購入量が多い
④ いずれでもない

問題17 売り手の交渉力を強めるものは次のうちどれか。

① 供給業者の業界に代替品の脅威がある
② 供給業者の製品に独自性がない
③ 供給業者の数が多い
④ 供給業者の数が少ない

問題18 移動障壁の意味として正しいものは次のうちどれか。

① ある業界に参入しようとするとき生じる障壁
② 異なる戦略グループへ参入しようとするとき生じる障壁
③ 海外に進出しようとするとき生じる障壁
④ いずれでもない

解答15 ②

解説 戦略グループは、業界内で同質的な戦略行動を採用している企業をグループ化したものである。戦略グループは、製品や顧客の専門度などの市場関連行動、製品の品質やコストなどの製品に関連する行動、および垂直統合の程度など、さまざまな行動の同質性を把握することで明確になる。業界によって戦略グループの数や形態はさまざまであるが、業績の高いグループと低いグループに分かれる場合、低いグループの企業は、高いグループが生み出す参入障壁、つまり移動障壁により好業績企業のメンバーになることが困難になる。

解答16 ①

解説 買い手の交渉力は、ある業界に属する企業から製品・サービスを購入する顧客の影響力の強さである。買い手が集中しており購入量が多い場合、または購入する製品が標準的で差別性がない場合、顧客は企業に対して値引き要求や過剰サービスなどの要求を行うだけのパワーをもつことになる。

解答17 ④

解説 売り手の交渉力とは、ある業界に属する企業が生産する製品・サービスの原材料やコンポーネントを供給する企業の影響力の強さである。供給業者が少数である場合や、供給する部品やコンポーネントに独自性がある場合、供給業者は供給する企業に対して値上げなどのさまざまな要求を行うパワーをもつことになる。

解答18 ②

解説 移動障壁は、業界内に存在する他の戦略グループへの参入を妨げる要因のことである。業界レベルの参入障壁と同様に、規模の経済や製品差別化、政府の政策などが移動障壁を構成する要因となる。

問題19 退出障壁に関わる競争要因は次のうちどれか。

① 新規参入の脅威
② 代替品の脅威
③ 業者間の敵対関係
④ 買い手の交渉力

問題20 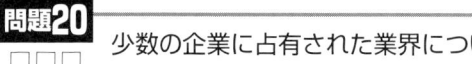少数の企業に占有された業界について述べているのは次のうちどれか。

① 独占
② 完全競争
③ 寡占
④ 上のすべて

問題21 代替品とは次のうちどれか。

① 異なる方法で同一ニーズを満たす製品
② 価格弾力性の高い製品
③ 異なる方法で異なるニーズを満たす製品
④ 価格弾力性の低い製品

問題22 価格感受性を高める要因に当てはまるものは次のうちどれか。

① 製品が買い手コストの大部分を占める
② 買い手が儲かっている
③ 買い手の購入する製品が差別化されている
④ いずれでもない

解答19 ③

解説 退出障壁は、業界からの撤退の困難性を意味している。業界からの撤退が困難な場合、利益が上がらない状況でも競争業者の数が減らないため、業者間の敵対関係は高まることになる。退出障壁は、企業の保有する資産がある業界の事業活動に特殊化され、他の事業に転用できない場合に生じるといわれている。

解答20 ③

解説 業界が少数の企業で占められた状態を寡占という。完全競争の中で、企業は価格に影響することや操作することはできないが、寡占化された業界では、競合企業が少ないため、他社の動きを考慮した生産量や価格の決定が可能になる。

解答21 ①

解説 代替品とは、異なる技術を使って同じニーズを満たす製品・サービスである。CDがレコード針に取って代わったように、技術革新からうまれた代替品は、既存業界にとって大きな脅威となる。

解答22 ①

解説 製品価格の上昇に敏感に反応し、価格交渉を行う意欲をもつ買い手は、価格感受性の高い買い手である。買い手の価格感受性は、(1)売り手の製品が買い手コストの大部分を占める、(2)買い手の利益水準が小さい、(3)売り手の製品が差別化されていない場合に高まるといわれている。

問題23 業者間の敵対関係を強める要因は次のうちどれか。

① 競合企業の数が少ない
② 固定費が小さい
③ 製品に独自性がない
④ 業界の成長率が高い

問題24 代替品の脅威を弱めるものは次のうちどれか。

① 代替品の価格上昇
② 代替品の性能が向上
③ 代替品の価格低下
④ いずれでもない

問題25 業界構造とは次のうちどれか。

① 産業の競争に影響する変動的な要素の体系
② 産業の競争に影響する一時的な要素の体系
③ 産業の競争に影響する比較的安定した要素の体系
④ 上のすべて

問題26 スイッチングコストの意味を述べているのは次のうちどれか。

① 顧客が他社製品に切り替えるとき生じるコスト
② 企業が設備投資にかけるコスト
③ 顧客が製品に対する情報を収集するコスト
④ 企業が新製品を開発するためにかけるコスト

解答23 ③

解説 敵対関係とは、ある業界で直接競合している企業間の競争の激しさである。敵対関係を強める要因としては、(1)競合企業の数が多い、(2)業界の成長率が低い、(3)製品・サービスに独自性がない、(4)固定費が大きい、(5)製品陳腐化が早い、などがある。

解答24 ①

解説 代替品の脅威にさらされているかどうかは、当該企業の製品と代替品の価格―性能比を比較することによって分析することができる。代替品の価格が低下している場合や、代替品の性能が向上している場合、また価格低下と性能向上が同時に進んでいる場合、代替品の脅威は高まることになる。

解答25 ③

解説 業界構造は、景気の良さなど一時的に影響する要因や変動する要因を説明するのではなく、ある期間、持続する要因を説明する。それは、一企業では変えることのできない一定の影響力の集合である。ただし、長期的には技術変化や社会構造の変化を通じて、業界構造は変化すると考えられている。

解答26 ①

解説 スイッチングコストは、ある企業の顧客が他社の製品に切り替えようとするとき生じるコストのことである。顧客がある企業の製品を使いこなすために多くの時間と労力をかけた場合、また他社の製品に切り替えれば、これまで受けていたサービスが受けられない場合、スイッチングコストが生じることになる。

問題27

企業の最小効率規模に関わる概念は次のうちどれか。

① 経験曲線
② 規模の経済
③ 埋没原価
④ 機会費用

解答27 ②

解説 最小効率規模は規模の経済と関わっており、生産規模を拡大しても単位当たりコストが低下しなくなったときの生産量を指す。最小効率規模を超えて生産量を増やし単位当たりコストが上昇してしまうことを規模の不経済という。

III バリューチェーン・経営資源

問題28
バリューチェーンのバリュー（価値）の意味について正しいものは次のうちどれか。

① 顧客が製品購入のために支払った金額
② 株主が株式購入に支払ってよいと考える金額
③ 企業が製品をつくるために支出したコスト
④ 顧客が製品購入のために支払ってよいと考える金額

問題29
バリューチェーンの意味として正しいものは次のうちどれか。

① 競合他社間で価値を創出しあう複数の事業活動の総体
② 垂直的に連鎖した価値を生み出す単一の事業活動の総体
③ 複数企業が連鎖して価値を生み出す複数の事業活動の総体
④ いずれでもない

問題30
バリューチェーンの主活動に当てはまらないものは次のうちどれか。

① 製造
② 人事・労務管理
③ サービス
④ 出荷・物流

解答28 ④
解説 バリューチェーンのバリュー（価値）とは、顧客が製品の価値を認め、それに対して支払おうとする金額のことである。企業からみるとバリュー（価値）は総収入となり、価値をつくる活動とマージンに分類される。

解答29 ②
解説 バリューチェーンは、競争戦略の実行過程を説明するフレームワークであり、顧客価値を創出する事業レベルの各活動を明確化している。事業の生み出す顧客価値は、バリューチェーン内の各活動がうみだす顧客価値の総和として捉えられる。また、顧客価値の総和から各活動にかかるコストを差し引いたものがマージンとなる。

解答30 ②
解説 バリューチェーンは、日常的な業務に関わる主活動と主活動をサポートしていく支援活動に分けられる。主活動には、購買物流、製造、出荷物流、販売・マーケティング、サービスがある。また、支援活動には全般管理、人事・労務管理、技術開発、調達がある。

バリューチェーンのモデル

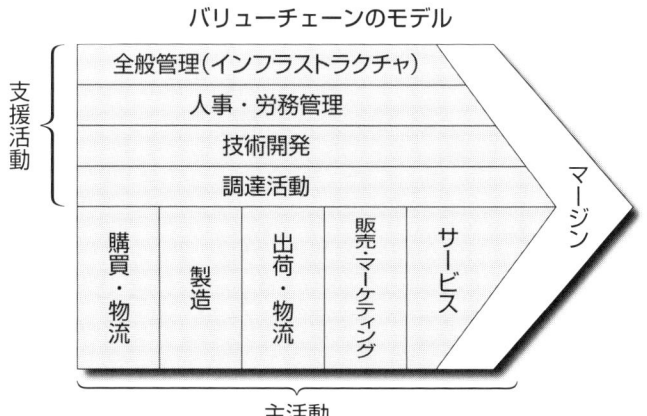

問題31
バリューシステムとは次のうちどれか。

① 競合他社同士が共同して付加価値を高めるシステム
② 原材料から最終消費に至る複数企業による価値創出フロー
③ 顧客が共同することで自分たちの獲得する価値を増大させるシステム
④ 供給者が補完しあうことで自分たちの獲得する価値を増大させるシステム

問題32
特定の活動に絞ることで優位性を築くバリューチェーンの再構築（デコンストラクション）の方法は次のうちどれか。

① オーケストレーター
② パーソナルエージェント
③ マーケットメーカー
④ レイヤーマスター

問題33
VRIO分析の4つの頭文字が意味するものは次のうちどれか。

① Vは価値、Rは模倣困難性、Iは組織　Oは希少性を指す
② Vは価値、Rは希少性、Iは模倣困難性、Oは組織を指す
③ Vは組織、Rは模倣困難性、Iは希少性、Oは価値を指す
④ Vは稀少性、Rは価値　Iは模倣困難性、Oは組織を指す

問題34
希少性のある資源の特徴を示しているものは次のうちどれか。

① その経営資源はごく少数の競合他社がコントロールしている
② その経営資源は外部環境の脅威に対処できる
③ その経営資源を競合他社が開発しようとするときコスト不利益を被る
④ いずれでもない

解答31 ②

解説 バリューシステムは、ある顧客価値を創造するために複数企業のバリューチェーンが垂直的に連鎖したものである。バリューシステムを分析することで川上、川下に存在する企業のバリューチェーンが明確になり、企業は自社のバリューチェーンを垂直的関係の中で理解することができる。

解答32 ④

解説 バリューチェーンの再構築では、すべての活動を自前でもつ従来の統合型ビジネスモデルに替わるモデルが提示されている。レイヤーマスター（専門特化型）は、バリューチェーンの特定活動のみに集中するモデルである。その他のモデルとしてオーケストレーター（外部機能活用型）、マーケットメーカー（取引市場創造型）、パーソナルエージェント（購買代理店型）がある。

解答33 ②

解説 VRIOのV（Value）は価値、R（Rarity）は希少性、I（Imitability）は模倣可能性の逆の意味で模倣困難性、O（Organization）は組織を指している。企業は、保有する資源・能力を4つの観点から分析し、資源・能力と企業競争力との関係を明確にすることができる。

解答34 ①

解説 VRIOは、持続的競争優位に関わる経営資源の特徴を明らかにするための分析手法である。そこでは、外部環境の機会や脅威に対処できる資源を価値ある資源（V）、業界内の少数の企業しかコントロールしていない資源を希少性の高い資源（R）、競合他社が模倣するのに高いコストがかかる資源（I）を模倣困難な資源として捉えている。Oは、これらの資源を活用する組織である。

問題35
ある資源を組織が活用できると考えられるとき、VRIO分析の資源と競争力の関係として正しいものは次のうちどれか。

① 価値ある資源は、一時的な競争優位を確保する
② 模倣困難性をもつ資源は、持続的競争優位を確保する
③ 価値、希少性を有する資源は、他社並みの競争優位を確保する
④ 価値ある資源は、他社並みの競争優位を確保する

問題36
伊丹敬之が提示した見えざる資産に最も当てはまるものは次のうちどれか。

① 未熟練労働者
② 顧客との信頼関係
③ 市販されている設備
④ 汎用部品

問題37
ペンローズ（Penrose, E.T.）が提起した用役（サービス）に当てはまらないものは次のうちどれか。

① 管理用役
② 業務執行用役
③ 組織用役
④ 企業家用役

解答35 ④

解説 VRIO分析では、価値、希少性、模倣困難性のすべての特徴をもつ資源を組織が活用できるとき、持続的競争優位に到達することが提示されている。加えて、価値と希少性しか備えていない資源は一時的にしか競争力を発揮できないこと、価値のみを備えた資源は、他社と同等の競争力を維持するにすぎないことが指摘されている。

VRIO分析と競争力・業績

価値	希少性	模倣コスト	資源の活用度	競争力	業績
No	−	−	No	競争劣位	平均以下
Yes	No	−	↑	同質的競争力	平均
Yes	Yes	No	↑	一時的競争優位	平均以上
Yes	Yes	Yes	Yes	持続的競争優位	平均以上

解答36 ②

解説 見えざる資産は情報的経営資源とも呼ばれ、ブランド、ノウハウ、顧客の信頼、組織風土などがある。見えざる資産は、(1)カネをだしても買えないことが多い、(2)つくるのに時間がかかる、(3)複数の製品や分野で同時多重利用ができる、という特徴を兼ね備えている。

解答37 ③

解説 ペンローズは、企業の経営資源の1つにヒトの用役（サービス）を位置づけ3タイプの用役を提示している。それらは戦略的決定を行う企業家用役、戦略の実行や日常業務の管理に関わる管理用役、現場における職務の遂行に関わる業務執行用役からなる。

ハメル(Hamel, G.)とプラハラド(Prahalad, C.K.)が提示した企業の中核となる経営資源のコンセプトは次のうちどれか。

① コアテクノロジー
② コアケイパビリティ
③ コアコンピタンス
④ コアコンセプト

解答38 ③

解説　コアコンピタンスは、企業の競争優位の源泉となる経営資源を示す概念である。ハメルとプラハラドは、コアコンピタンスを「組織における集団的学習であり、特に多様な製造スキルをいかに調整するか、また複数の技術を統合するかを学ぶことである。」と定義している。

Ⅳ 事業戦略

問題39 アンゾフ（Ansoff, H.I.）の提示した成長戦略に当てはまらないものは次のうちどれか。

① 市場浸透
② 市場開発
③ 差別化
④ 製品開発

問題40 ポーター（Poter, M.E.）の提示した基本戦略に当てはまるものは次のうちどれか。

① 分析型戦略
② チャレンジャー戦略
③ 創発戦略
④ コストリーダーシップ

解答39 ③

解説 成長戦略は、製品が既存製品か新製品か、市場ニーズが既存市場か新市場かという観点を組み合わせた4つの戦略からなる。それらは、市場浸透戦略（既存製品・既存市場）、市場開発戦略（既存製品・新市場）、製品開発戦略（新製品・既存市場）、多角化戦略（新製品・新市場）である。

解答40 ④

解説 ポーターの基本戦略は、競争優位の源泉を差別化とするか低コスト化とするかという観点、および競争範囲を広くとるか狭くとるかという観点から導かれる。それらは、コストリーダーシップ戦略、差別化戦略、集中戦略（差別化集中、コスト集中）である。

ポーターの基本戦略パターン

	競争優位	
戦略ターゲットの幅	他社より低コスト	差別化
広いターゲット	コスト・リーダーシップ	差別化
狭いターゲット	コスト集中	差別化集中

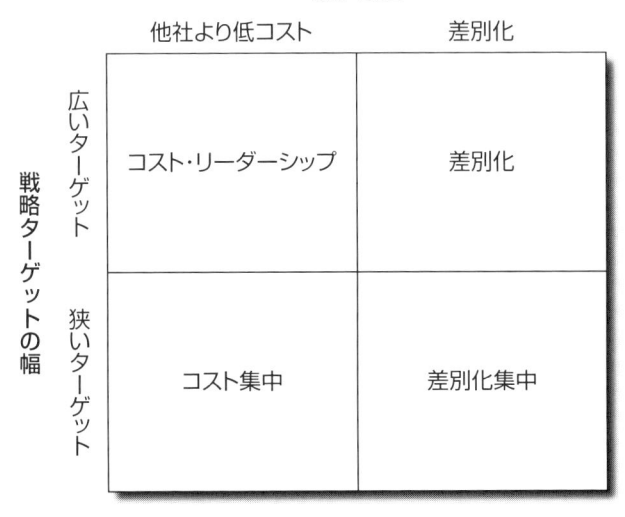

第1章 戦略

問題41 競争戦略が目指す最終的な成果は次のうちどれか。

① マーケットシェア
② 売上拡大
③ 投資収益率
④ 社会的認知度

問題42 経験曲線の考え方を示しているものは、次のうちどれか。

① 累積生産量の増大に伴い単位当たりコストが低下する
② 生産規模の拡大に伴い単位当たりコストが低下する
③ 従業員数が増大するとともに単位当たりコストが低下する
④ 上のすべて

問題43 コストリーダーシップ戦略に当てはまらないものは次のうちどれか。

① 規模の経済性の活用
② 低コスト生産要素へのアクセス
③ 付帯サービスの追加
④ 経験曲線の活用

問題44 コストリーダシップ戦略が市場で競争力を発揮する内容を述べているものは次のうちどれか。

① 価格をコントロールすることが可能になる
② 他社以上に高品質の製品を提供できる
③ 顧客を囲い込むことができる
④ いずれでもない

解答41 ③
解説 競争戦略では、規模拡大やシェア拡大よりも利益をいかにうみだすかが重要な成果であると考えられている。ある業界において投資収益率の高い企業ほど競争優位性が高い企業なのである。

解答42 ①
解説 経験曲線は、BCG（ボストンコンサルティンググループ）によって発見された。そこでは、ある製品をつくり始めてから現時点までの生産量、すなわち累積生産量が2倍になるごとに一定比率で製品の単位当たりコストが低下することが明らかにされている。経験曲線が生じる理由としては、熟練による労働効率の向上、専門化による作業法の改善などさまざまなものがあるといわれている。

解答43 ③
解説 コストリーダーシップ戦略は、業界内の広い範囲で低コスト化を追求する戦略である。具体的な方法としては、規模の経済性や経験曲線の活用による低コスト化に加え、低コスト資源の獲得やオペレーションの効率化によって達成される。

解答44 ①
解説 コストリーダーシップは、競合他社以上に低コスト地位を確保することができる。この結果、競合他社の製品と同一価格にすることで多くの利益を確保することや、競合他社より低い価格設定によって顧客を奪うことができる。

問題45
差別化戦略の具体的方法に当てはまらないものは次のうちどれか。

① 地域特化
② 製品の品質改善
③ アフタサービスの提供
④ 新しい製品機能の追加

問題46
集中戦略に当てはまるものは次のうちどれか。

① 製品のフルライン化
② 高額品市場への特化
③ マス・カスタマイゼーション
④ 上のすべて

問題47
マス・カスタマイゼーションの意味を明らかにしているものは次のうちどれか。

① 大衆市場に標準製品を販売する
② 大衆市場にカスタム化された製品を販売する
③ ニッチ市場に標準品を販売する
④ ニッチ市場にカスタム化された製品を販売する

問題48
マイルス（Miles, R.E.）とスノー（Snow, C.C.）が提示した戦略のタイプに当てはまるものは次のうちどれか。

① 改善型
② 分散型
③ 革新型
④ 分析型

解答45 ①
解説 差別化戦略が焦点とするのは、競合他社以上に顧客価値を向上することにある。マーケティング、サービス、生産、技術開発など、製品そのものを差別化したり、製品以外の面で差別化するさまざまな方法がある。

解答46 ②
解説 集中戦略は、業界の狭い範囲に特化する戦略であり、ニッチ戦略とも呼ばれている。地域、製品、顧客などを絞り込み、限定された市場領域において低コスト化や差別化もしくは両者を追求する戦略である。

解答47 ②
解説 マス・カスタマイゼーションは、大衆市場において顧客ごとにカスタム化された製品・サービスを低コストかつ高い品質をもって届けることである。マス・カスタマイゼーションを実現する方法として、(1)標準化された製品・サービスにカスタム化したサービスを付加する、(2)カスタム化可能な製品・サービスを開発する、(3)配送時点でのカスタム化を推進する、(4)価値連鎖の全体にわたって迅速な対応を実現する、(5)コンポーネントをモジュール化する、がある。

解答48 ④
解説 マイルスとスノーは、組織の環境適応パターンとして、4つの戦略類型を提示している。それらは、安定的な事業領域で高い専門性を発揮する防衛型、新しい環境を絶えず捜し求める探索型、安定的な事業と変動的な事業を合わせ持つ分析型、環境変化の後追いになり一貫した対応に欠ける受身型である。

問題49
□□□ ファーストムーバーアドバンテージ（First Mover Advantage）について述べているものは次のうちどれか。

① 市場に一番乗りすることから得られる優位性
② 一番早く戦略提携を行うことから得られる優位性
③ 一番早く特許を出願することから得られる優位性
④ いずれでもない

解答49 ①

解説 ファーストムーバーアドバンテージとは、創出しつつある新しい業界に一番早く参入することから獲得される競争優位性を意味している。先発企業は、業界発展の初期段階において自社に有利な競争ルールや業界構造を確立することで競争優位を発揮することができる。

V 全社戦略・ドメイン・PPM

問題50
エーベル（Abell, D. F.）が提示した事業の定義の次元として正しいものは次のうちどれか。

① 競争、顧客層、技術
② 価格、商品、仕様
③ 市場支配力、技術、補完性
④ 技術、顧客層、顧客機能

問題51
PPMが対象とする企業に当てはまるものは次のどれか。

① 単一事業の企業
② 多角化した企業
③ ベンチャー企業
④ 上のすべて

問題52
PPM分析の考え方として正しいものは次のうちどれか。

① 事業の魅力を市場シェアとする
② 事業の競争力を相対的市場シェアとする
③ 事業の競争力を市場シェアとする
④ 事業の魅力を相対的市場シェアとする

問題53
PPMモデルの資金需要と資金総出力の基本仮定に当てはまるものは次のうちどれか。

① 市場成長率が高ければ資金需要は小さい
② 市場成長率が低ければ資金需要は小さい
③ 相対的市場シェアが大きければ資金総出力は小さい
④ 相対的市場シェアが小さければ資金総出力は大きい

解答50 ④

解説 事業の定義とは、企業がどんな事業を行っているかを明確化することである。その基本次元が顧客機能、顧客層、技術である。つまり、だれの（顧客層）どのようなニーズを（顧客機能）、いかに（技術）満たすかを認識することで、自社の事業ドメインは明確になるのである。

解答51 ②

解説 PPM（Product Portfolio Management）は、複数事業を有する多角化した企業が、各事業の位置づけと資源配分を適切に行うために開発されたモデルである。ＰＰＭにはボストンコンサルティンググループが開発したＢＣＧモデルとジェネラルエレクトリック社が開発したＧＥモデルがある。

解答52 ②

解説 ＰＰＭは、縦軸に事業の魅力として市場成長率、横軸に競争力として相対的市場シェアをおいて企業の有する各事業を区別することができる。各事業は、上記の２つの観点から、花形、金のなる木、問題児、負け犬に分類される。

解答53 ②

解説 PPMは、(1)市場成長率が高いほど資金需要が大きい、(2)相対的市場シェアが高いほど資金総出力が大きいと仮定している。この結果、花形、金のなる木、問題児、負け犬の資金需要と資金総出力の違いが明確になり、全社的視点から事業への適切な資源配分が可能になる。

問題54

問題児について説明しているものは次のうちどれか。

① 市場成長率が低く相対的市場シェアが高い事業
② 市場成長率と相対的市場シェアが高い事業
③ 市場成長率が高く相対的市場シェアが低い事業
④ 市場成長率と相対的市場シェアが低い事業

問題55

Ａ社は業界第１位で30％のシェアを有している。第２位のＢ社のシェアは20％である。Ａ社の相対的市場シェアは次のうちどれか。

① 0.6666……
② 1
③ 0.3
④ 1.5

解答54 ③

解説 ＰＰＭ分析では、市場成長率が高く相対的市場シェアが高い花形、市場成長率が低く相対的市場シェアが高い金のなる木、市場成長率は高いが相対的市場シェアの低い問題児、市場成長率と相対的市場シェアのどちらも低い負け犬の４つに事業を分類することで、企業の事業構造を明確化することができる。

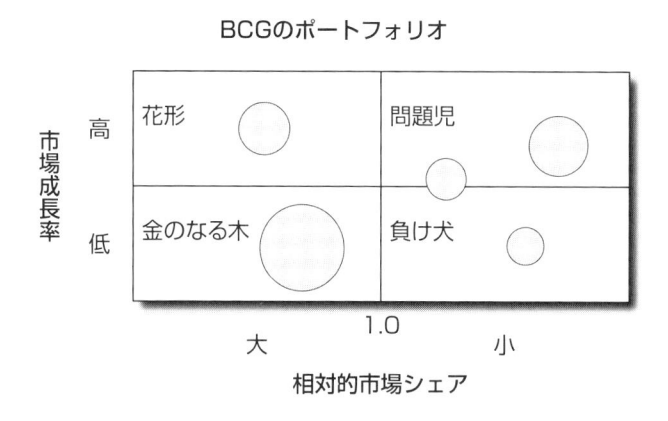

BCGのポートフォリオ

	大　　　1.0　　　小
高	花形 ／ 問題児
低	金のなる木 ／ 負け犬

市場成長率 / 相対的市場シェア

解答55 ④

解説 市場競争力を示す相対的市場シェアは、自社の市場シェアを最大の競争相手の市場シェアで割ることによって計算される。トップシェアの企業の場合は、２番目のシェアを有する企業を最大の競争相手と考えて同様な計算を行う。

問題56
PPM分析から導かれる資源配分の方針に当てはまるのは次のうちどれか。

① 金のなる木から問題児に投資して問題児を花形に育てる
② 花形から問題児に投資して問題児を花形に育てる
③ 金のなる木から負け犬に投資して負け犬を問題児にする
④ 花形から負け犬に投資して負け犬を問題児にする

問題57
PPMにおいて評価および資源配分の対象となる組織単位は次のうちどれか。

① 製造部門
② 戦略事業単位
③ プロジェクト組織
④ マトリックス組織

問題58
ドメインの決定に関わる事柄は次のうちどれか。

① 企業のアイデンティティに対する答え
② コア事業の技術領域に対する答え
③ 企業の資源配分に対する答え
④ 企業のガバナンスのあり方に対する答え

問題59
ドメインコンセンサスとは次のうちどれか。

① ドメインに対して経営者と利害関係者が相反している部分を指す
② ドメインに対して経営者が正しいと考えている部分を指す
③ ドメインに対して株主が妥当と考えている部分を指す
④ ドメインに対して経営者と利害関係者が一致している部分を指す

解答56 ①

解説 ＰＰＭ分析から導き出された現時点での各事業の位置づけは、どの事業からどの事業に投資すべきか、またどの事業を将来どのようなポジションに位置づけるかの指針となる。問題児事業は、金のなる木で獲得した資金を配分し花形事業へと成長させるべきであると指摘されている。

解答57 ②

解説 多角化した企業においてポートフォリオマネジメントを行うとき、本社が評価の対象とする事業をＳＢＵ（戦略事業単位）と呼ぶ。ＳＢＵは、(1)単一事業である、(2)明確なミッションを有する、(3)独立した競合企業を有する、(4)責任ある管理者を有する、(5)一定の資源をコントロールする、(6)他の事業と独立して計画できる、といった特徴をもつ独立性の強い組織単位である。

解答58 ①

解説 ドメインとは、企業の生存領域のことであり、組織が環境とやり取りする特定の環境部分を指す。企業がドメインを定義することは、「われわれは今どのような事業を行っており、今後どのような事業を行っていくか」という企業のアイデンティティに関わる答えであり、企業の戦略決定における最も重要な部分である。

解答59 ④

解説 ドメインコンセンサスとは、経営者が主観的に定義しているドメインではなく、経営者と利害関係者が社会的に合意している部分を指す。組織が社会的に機能するためには、関係者の共感や納得性を高めるようなドメインを設定する必要がある。

問題60
多角化の説明に該当するものは次のうちどれか。

① 新しい事業領域への進出
② 製品の新しい用途先の開発
③ 低価格の製品ラインの追加
④ 部品の内製化

問題61
多角化の方法に当てはまらないものは次のうちどれか。

① 内部開発
② M&A
③ 共同購入
④ アライアンス

問題62
原材料の生産や製品の流通を自前で行うようにする戦略に当てはまるものは次のうちどれか。

① 事業統合
② 垂直統合
③ 水平統合
④ 外注

問題63
専業比率が50%、関連比率が80%の多角化は次のうちどれか。

① 本業中心型
② 関連型
③ 非関連型
④ 事業型

解答60 ①

解説 多角化とは、従来とは異なる製品・市場領域への進出、つまり新しい事業を開発することで、企業が営む事業領域を拡大することを意味している。多角化のタイプは、大きく関連型多角化と非関連型多角化に分けられる。

解答61 ③

解説 多角化の方法は、現有の自社資源を利用した内部開発に加え、外部企業を傘下に収めるM＆A、他社との共同で事業を開発するアライアンスがある。これまで、日本企業の多角化は自社開発が一般的であったが、今日、M＆Aによる多角化も積極的に推進されている。

解答62 ②

解説 垂直統合は、企業が既存のバリューチェーンの活動に川上もしくは川下での活動を付加することをいう。ある完成品メーカーが部品生産のような川上の活動を行うことを後方統合、また同メーカーが直接販売方式を採用し川下の活動を行うことを前方統合と呼ぶ。

解答63 ②

解説 多角化のタイプは、本業の売上構成比を示す専業比率と、製品技術ないしは流通経路が同質の事業をグループ化した関連比率を使って分類される。専業比率が70％以上90％未満のものは本業中心型と呼ぶ。また専業比率が70％未満のもので、関連比率が70％以上のものを関連型、70％未満のものを非関連型と呼ぶ。

問題64
範囲の経済性を示しているものは次のうちどれか。

① 生産規模が大きくなるほど単位当たりコストは低下する
② 製品の生産場所を分散させるほどコストは低くなる
③ 複数の製品を1企業で生産する方が、個々の企業で生産するよりもコストが低くなる
④ 上のすべて

問題65
多角化において、既存事業の新事業に対する関連性を説明しているコンセプトは次のうちどれか。

① エージェンシー
② シナジー
③ パートナーシップ
④ セグメンテーション

解答64 ③

解説 範囲の経済性は、複数の製品を別々の企業で生産するよりも1企業で生産する方がコストが低くなるという経済効果である。この効果は、ある企業が多品種少量生産のような効率的な生産技術をもつ場合や、経営資源の共有が可能な場合に具体化される。

解答65 ②

解説 シナジーは、事業間での技術やノウハウといった経営資源の相互関連効果である。既存事業の資源が新事業に活用できれば、投資コストの削減や事業開発スピードが高まり、多角化が成功する可能性は高まる。シナジーは、大きく技術関連シナジーと市場関連シナジーに分けられる。

第2章

マーケティング

　第2章は、「マーケティング」に関する問題を扱います。問題は、次の7つのカテゴリーに分かれています。

- Ⅰ　マーケティングの役割
- Ⅱ　環境分析とポジショニング
- Ⅲ　製品とブランド戦略
- Ⅳ　戦略的価格設定
- Ⅴ　プロモーションと営業戦略
- Ⅵ　流通チャネルのマネジメント
- Ⅶ　マーケティング・リサーチ

Ⅰ マーケティングの役割

問題1 マーケティングとは、顧客ニーズを満たす（　　）ある製品・サービスを提供するための市場戦略である。
（　　）の中に入る最も適切な語句は次のうちどれか。

① 魅力
② 価値
③ 訴求力
④ 競争力

問題2 マーケティングが顧客ニーズを満たす製品・サービスを提供する目的は次のうちどれか。

① 市場の探索
② 市場の創造・維持
③ 市場の調査・研究
④ 市場の連動

問題3 マーケティングの発想は、次のうちどの点に基づくものであるか。

① モノ
② 機能
③ ニーズ
④ デザイン

解答1 ④

解説 企業経営におけるマーケティングの最も基本的な役割は、2つある。1つは買い手に対する局面で、顧客ニーズを自社の製品・サービスを通じて満たすこと（ニーズの充足）であり、もう1つは競争に対する局面で、そうした製品・サービスに競合他社よりも高い競争力をもたせること（競争優位の構築）である。効果的なマーケティング戦略にとって、前者は必要条件であり、後者は十分条件であるといえる。

解答2 ②

解説 マーケティング（marketing）という語はmarketとingからなっている。すなわち、マーケティングは売り手が市場（market）に対して何らかの働きかけ（ing）を行うことを意味する。この働きかけの中心が、潜在的な顧客ニーズを発見し、それを充足することによって新たな市場を創造・維持することである。ヤマト運輸による宅配便市場の創造、アップル社のiPadによるタブレット市場の創造などはその例である。

解答3 ③

解説 マーケティングは、製品・サービスという購買・利用対象であるモノからではなく、買い手のニーズから発想する点に大きな特徴がある。ドリルではなく「穴」、化粧品ではなく「美しさ」がその例である。こうしたニーズからの発想は、競合製品からどのような点で自社製品を差別化するかだけでなく、誰と競争しているのかという競合関係を明らかにする際にも重要である。

問題 4
「良いものは売れる」という考え方が示す志向は次のうちどれか。

① 製品志向
② マーケティング志向
③ 顧客志向
④ 販売志向

問題 5
マーケティングは「売れる仕組みづくり」といわれる。これに対し、販売（セリング）が焦点を当てているのは次のうちどれか。

① 市場ニーズ
② 継続的成長
③ 顧客満足
④ 売り込み方

問題 6
マーケティング戦略と最も密接に関係するのは次のうちどれか。

① 経営理念
② 全社戦略
③ 事業戦略
④ 機能戦略

解答 4 ①

解説 「良いものは売れる」という製品志向の考え方は、買い手のニーズではなく売り手の提供するモノに焦点が当てられている。売り手が提供する製品・サービスが「良いもの」であるかどうかを判断するのは買い手であり、売り手ではないことを理解することが重要である。マーケティング志向は、潜在的な買い手のニーズを探り当て、それを満足させることによって最大の顧客価値を生み出す。

解答 5 ④

解説 販売（セリング）とマーケティングは混同されることが多いが、そのコンセプトは大いに異なる。販売がすでに与えられた製品・サービスをいかに顧客に売り込むかに焦点を当て、短期的な成果を追求するのに対して、マーケティングは特定のターゲット市場に向けて、マーケティング戦略を統合的な「売れる仕組み」として構築し、中・長期的な視点から成果を上げることを目標とする。

解答 6 ③

解説 マーケティングは、最も基本的には特定の事業における製品レベルでの市場戦略として位置づけられる。たとえば、オーディオ・ビジュアル事業におけるテレビのマーケティング、という捉え方である。ただし、そこでのマーケティング戦略は、企業の経営理念、全社戦略、他の機能戦略（生産、財務・会計、人事、組織など）と整合的でなければならない。

問題 7 顧客を満足させるうえで、マーケティングが他の経営機能（部門）とあるべき関係は次のうちどれか。

① 他の機能と独立して活動する
② 他の機能を統合する
③ 他の機能を支配する
④ 他の機能に従う

解答7 ②

解説 顧客ニーズを満たし、顧客満足を提供することを目標とするマーケティングは、マーケティング部門の中で完結するわけではない。顧客なくして企業は存続・成長をなしえない。それゆえ、あらゆる企業活動の中心には顧客が据えられるべきであり、生産、財務・会計、人事、組織などすべての経営機能が顧客満足の実現に向けて遂行されるように、マーケティングはそれらを統合する重要な役割を担っている。

マーケティングの位置づけ

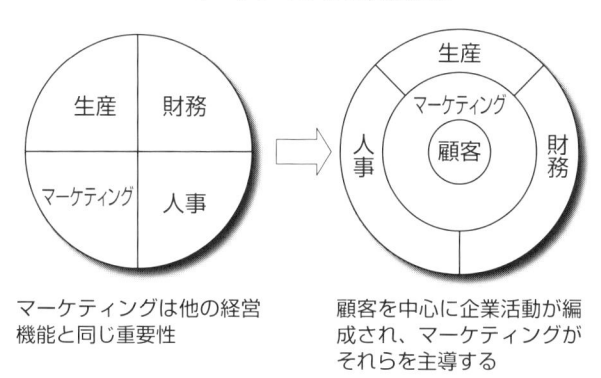

マーケティングは他の経営機能と同じ重要性

顧客を中心に企業活動が編成され、マーケティングがそれらを主導する

出所：コトラー , P.（月谷真紀訳）『コトラーのマーケティング・マネジメント』ミレニアム版、ピアソン・エデュケーション、2001年。

II 環境分析とポジショニング

問題8
マーケティング戦略の策定プロセスは、(ア)ポジショニング、(イ)マーケティング環境分析と市場機会の発見、(ウ)マーケティング・ミックスの策定、(エ)市場細分化とターゲット市場の設定、の4つのステップから構成される。正しいステップの順番の組み合わせは次のうちどれか。

① (イ) ― (エ) ― (ア) ― (ウ)
② (エ) ― (イ) ― (ウ) ― (ア)
③ (ウ) ― (エ) ― (イ) ― (ア)
④ (ア) ― (ウ) ― (イ) ― (エ)

問題9
SWOT分析における外部環境分析によって明らかになるのは次のうちどれか。

① 市場の規模と成長
② 市場の構造と形態
③ 市場の深さと広さ
④ 市場の機会と脅威

問題10
類似した特徴をもつ顧客集団を示しているものは次のうちどれか。

① 市場グループ
② 市場セグメント
③ 市場カテゴリー
④ 市場サークル

解答 8 ①

解説 マーケティング戦略の策定プロセスは、次の４つのステップからなる。①自社がどのような環境におかれ、そこにどのような市場機会が見いだせるかを明らかにし（マーケティング環境と市場機会の分析）、②市場を細分化して訴求すべき特定のターゲット市場を選択し（市場細分化とターゲット市場の設定）、③競合する製品・サービスと比較して自社のポジショニングを明確にし（ポジショニング）、④製品、価格、プロモーション、流通チャネルという４つのマーケティングの基本戦略をマーケティング・ミックスとして整合的に策定する（マーケティング・ミックスの策定）。

解答 9 ④

解説 SWOT（Strengths、Weaknesses、Opportunities、Threats）分析における外部環境分析は、自社のコントロールの及ばないマクロ環境に顕在的または潜在的にどのような機会があり、どのような脅威にさらされるかを明らかにする。この外部環境の機会と脅威の要素は、内部環境である自社の強みと弱みの要素と結びつけて考えることが重要である。景気後退は一般的には脅威であるが、自社に低コストで製品・サービスを提供できる能力があれば、機会として捉えられる。

解答 10 ②

解説 自動車市場、清涼飲料市場といっても、そこにはさまざまなニーズや属性をもった顧客が存在する。そのため市場は、人口統計学的（性別、年齢、住所など）、社会経済的（所得、職業、家族構成など）、あるいは行動的（購買頻度、ロイヤルティなど）等の基準によっていくつかの部分市場に分割することが必要となる。この部分市場を市場セグメントと呼ぶ。

第2章 マーケティング

問題11 市場細分化（マーケット・セグメンテーション）によって識別される市場は次のうちどれか。

① 魅力的な市場
② 独特な市場
③ 成長する市場
④ 同質的な市場

問題12 ターゲット市場を選択する際に考慮すべきこととして、適切でないものは次のうちどれか。

① 多様性
② 自社の強み
③ 競合他社の戦略
④ 市場の規模と成長性

問題13 自社の製品・サービスのポジショニングによってターゲット顧客に認識させようとするのは、次のうちどれか。

① 利便性
② 安定性
③ 独自性
④ 信頼性

解答11 ④

解説 市場細分化によって、同質的なニーズや属性をもつ顧客層が識別される。売り手はその中から成長性や収益性、競争状況、自社の強みが生かせるかなどの観点から、自社にとって魅力的な市場セグメントを抽出し、マーケティング訴求の対象とする。同質的な顧客市場を識別することの重要性は、それによって自社のマーケティング戦略が最も有効なターゲット・セグメントを明らかにすることができるからである。

市場細分化の基準

地理的基準	国、都道府県、都市規模、気候
人口統計的基準	性別、年齢、世代、ライフステージ、世帯構成
社会経済的基準	所得水準、職業、学歴、宗教、民族、国籍
心理的基準	ライフスタイル、パーソナリティ
行動的基準	製品の利用状況・購買頻度 製品に求めるベネフィット 製品やブランドに対するロイヤルティ・態度

解答12 ①

解説 訴求すべき市場セグメントの設定、すなわちターゲット市場の選択は、その市場がどの程度の規模をもっているのか、成長性が見込めるかどうか、自社の強みが生かせるかどうか、どのような競合他社がどのような戦略をとっているか、製品ライフサイクルがどの段階にあるのか、どのような参入障壁が存在するのか、などを基準として行われる。

解答13 ③

解説 ポジショニングは、特定のターゲット・セグメントにおいて、数ある競合製品・サービスの中に自社製品を特長あるものとして位置づけることにより、顧客にその独自性を認識してもらうことを目的とする。買い手からみたこの独自性は、売り手にとっては製品・サービスの差別性を意味する。自動車市場における自社ハイブリッド車の低燃費性、高級ブランド市場における自社ブランドの高付加価値性などがその例である。

問題14

ポジショニングのための戦略ドメイン策定の軸として適切でないものは次のうちどれか。

① who（ターゲット）
② what（顧客ニーズ）
③ how（マーケティング／オペレーションの独自能力）
④ when（タイミング）

問題15

ポジショニングの際に留意すべき点は次のうちどれか。

① 競合他社と類似のポジションをとる
② カニバリゼーション（共食い）を避ける
③ 顧客とコミュニケーションする
④ 他社とコラボレーションする

問題16

マーケティング・ミックスにおける4Pとして適切でないものは次のうちどれか。

① program
② product
③ price
④ promotion

解答14 ④

解説 ポジショニングのための戦略ドメインは、どのような顧客層の（ターゲット）、どのような顧客ニーズを（顧客ニーズ）、自社のどのような強みをもって満たそうとするのか（マーケティング／オペレーションの独自能力）という3つの軸から構成される。健康志向の顧客層の（ターゲット）、ヘルシーな食事をとりたいというニーズに対して（顧客ニーズ）、自社の有機食材の調達能力を生かして（独自能力）、有機食材を使用したヘルシーメニューの自然食レストランを展開する、というのがその例である。

解答15 ②

解説 カニバリゼーション（共食い）とは、自社の製品・サービス間で同じ顧客を奪い合い、それぞれの製品・サービスに売上高の低下など負の影響を及ぼすことを指す。新ブランドのビールの投入が、自社の他のブランドのビールの売り上げを落としてしまうのは、カニバリゼーションの例である。ポジショニングに際しては、自社製品とのカニバリゼーションを避けること、顧客にとって魅力的であること、そして競合他社（製品）と明確に差別化されていること、の3つが重要である。

解答16 ①

解説 マーケティング・ミックスは製品（product）、価格（price）、プロモーション（promotion）、および流通チャネル（place）の4つのマーケティング戦略の要素からなる。顧客ニーズを満たす製品・サービスをどのように開発し（製品戦略）、それにどのような価格を設定し（価格戦略）、どのようなプロモーションによってその価値を伝え（プロモーション戦略）、そしてどのような流通チャネルを通じて製品・サービスを顧客に提供するか（流通チャネル戦略）という戦略要素の総体がマーケティング戦略である。

問題17 市場全体に単一のマーケティング・ミックスを適用するマーケティングを示すものは次のうちどれか。

① 無差別型マーケティング
② 集中型マーケティング
③ 差別型マーケティング
④ デ・マーケティング

解答17 ①

解説 市場を単一の同質的なセグメントからなるとみなして行われるマーケティングを無差別型マーケティングと呼ぶ。規模の大きな全体市場に向けて行われるため、買い手のニーズへの訴求効果よりも売り手の生産やマーケティング、販売の効率に重点を置いた方法である。マーケティング・ミックスとの関連では、コモディティ化した製品・サービスを低価格で提供し、マス広告を展開し、露出度の高い開放型のチャネル戦略をとる。

III 製品とブランド戦略

問題18 新製品開発のプロセスにおいて、マーケティング戦略の検討や事業経済性分析の後で実施されるものは次のうちどれか。

① 製品アイデアの探求
② 製品コンセプトの開発
③ テスト・マーケティング
④ アイデア・スクリーニング

問題19 消費者が複数の製品・サービスを十分に検討して購入する商品を示すものは次のうちどれか。

① バーゲン品
② 最寄品
③ 買回品
④ 専門品

解答18 ③

解説 テスト・マーケティングは、具体的なマーケティング戦略を検討し、事業経済性を分析した後、実際の市場に製品・サービスを試験的に投入し、その効果を測定することによってマーケティング・プログラム(ポジショニングとマーケティング・ミックス)を検証することをいう。この検証を経て、マーケティング・プログラムに修正が加えられ、最終的な市場導入が図られる。

解答19 ③

解説 買回品とは、消費者が購買に先立っていくつかの店舗に出向し、品質、スタイル、価格などを十分に比較する商品を指す。ファッション衣料や家具などが典型的な買回品である。購買頻度が高く、特別な努力を払わずに購入する商品を最寄品といい、スナック菓子、清涼飲料、ボールペンなどがその例である。また高級自動車、高級ブランド、オーディオなど、購入にあたって特別な商品知識を要したり、趣味性が反映される商品を専門品という。いずれも、消費者の購買行動に焦点を当てた商品分類である。

問題20 製品のブランド、パッケージ、デザインのレベルを示すものは次のうちどれか。

① 製品の付随機能
② 製品の形態
③ 製品のコンセプト
④ 製品の核

解答20 ②

解説 製品は、買い手のニーズを満たす基本的な機能や価値としての核レベル、スタイル、ブランド名、パッケージ、デザインからなる形態レベル、そしてアフターサービス、保証、取り付け、配達など付随機能のレベルと3つのレベルで捉えることができる。こうした製品の階層的な捉え方は、製品をどのレベル、どの要素で差別化するかを決定するうえで重要な指針となる。

製品の3つのレベル

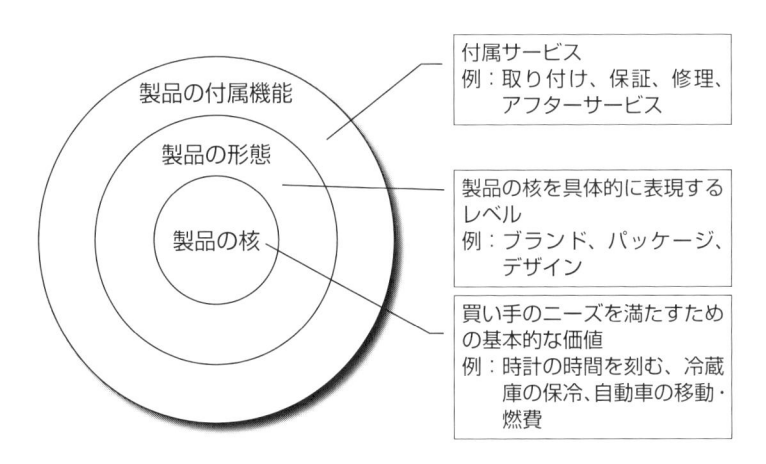

```
          製品の付属機能 ─────── 付属サービス
                                例：取り付け、保証、修理、
             製品の形態                アフターサービス

           製品の核 ─────────── 製品の核を具体的に表現する
                                レベル
                                例：ブランド、パッケージ、
                                    デザイン

                       ─────── 買い手のニーズを満たすため
                                の基本的な価値
                                例：時計の時間を刻む、冷蔵
                                    庫の保冷、自動車の移動・
                                    燃費
```

出所：コトラー, P.（和田充夫他訳）『マーケティング・マネジメント』第8版、ダイヤモンド社、1983年。

問題21 自動車、化粧品、缶コーヒーなど1つの製品カテゴリーからなる製品群は何と呼ばれるか。

① 製品ライン
② 製品ミックス
③ 製品アイテム
④ 製品セグメント

問題22 製品ミックスを管理する際の基準として適切でないものは次のうちどれか。

① 広さ
② 深さ
③ 高さ
④ 統一性

解答21 ①

解説 製品ラインとは1つのまとまりのある製品群を指し、製品ラインの数からラインの広さ、各製品ラインに含まれる製品のアイテム数から深さが表される。自動車の場合、乗用車、商用車などのライン数が広さであり、深さは同じラインの中での車種の多さ（たとえば、乗用車の中での軽自動車、コンパクトカー、中型セダン、RV、スポーツカーなど）を指す。

花王の製品ライン構成

製品ラインの広さ →

	ハウスホールド製品			パーソナルケア製品					サニタリー製品				食品
	洗剤用製品	台所用製品	掃除用製品	フェイス・ボディケア	ヘアケア	ヘアコスメ	歯ブラシ・練り歯磨き	入浴剤・スキンケア	生理用品	紙おむつ	介護用品	おしりケア	エコナ
製品ラインの深さ ↓	アタック	ファミリー	マイペット	花王ホワイト	メリット	リーゼ	クリアクリーン	バブ	ロリエ	メリーズ	リリーフ	サニーナ	ヘルシア
	ニュービーズ	キッチンハイター	バスマジックリン	ビオレ	エッセンシャルシャンプー	ケープ		エモリカ					
	ハミング	ホーミング	かびとりハイター	ピュアホイップ	アジエンス	ブローネ		キュレル					
	ワイドハイター	マジックリン	クイックル	ラビナス	ラビナス								
	キーピング		アレルクリン		サクセス								

解答22 ③

解説 製品ミックスは製品ラインと製品アイテムの集合を指し、製品ラインをどの程度広げるか（広さ）、製品アイテムをどの程度まで増やすか（深さ）、および製品ミックス全体の統一性をどのようにもたせるかを管理しなければならない。製品ミックスは、自社の経営資源や市場の競争状況を考慮しながら策定される。

問題23 製品ライフサイクルの導入期におけるマーケティング目標として正しいものは次のうちどれか。

① シェア維持
② 市場拡大
③ 生産性の確保
④ ブランド・ロイヤルティの確立

問題24 製品ライフサイクルの成熟期におけるマーケティングの重点事項として適切なものは次のうちどれか。

① 市場拡大
② 製品認知
③ 撤退・維持
④ ブランド・ロイヤルティの向上

解答23 ②

解説 製品ライフサイクルの導入期においては、その製品・サービスが市場において認知されていない。そのため、新製品の価値を潜在顧客に向けて訴求し、新しく創出されたその市場を確立して事業規模を維持するに足る大きさにまで拡大し、速やかに成長期に移行させることを目標としなければならない。

製品ライフサイクルの概念図

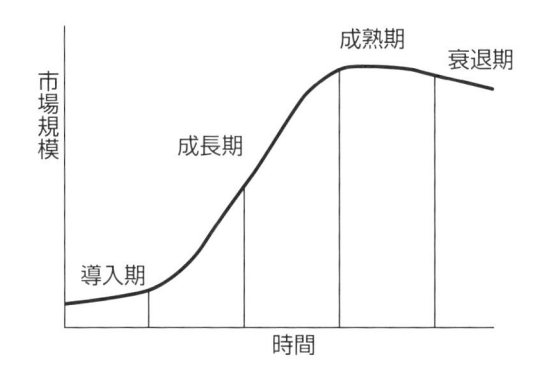

解答24 ④

解説 製品ライフサイクルの成熟期においては、売上高の伸びが止まり、大きな市場成長が期待できないことから、既存顧客をいかに維持し、安定的な市場シェアを確保するかが最大のマーケティング目標となる。この目標を達成するには、自社ブランドに対する顧客のロイヤルティの向上を図り、競合ブランドにスイッチしないよう顧客を繋ぎとめておくことが必要となる。

問題25 ブランドの構成要素として適切でないものは次のうちどれか。

① パーソナリティ
② 便益
③ ロイヤルティ
④ 価値観

問題26 複数のカテゴリーの製品・サービスにわたって付与されたブランドは何と呼ばれるか。

① ファミリー・ブランド
② コーポレート・ブランド
③ 事業ブランド
④ 製品ブランド

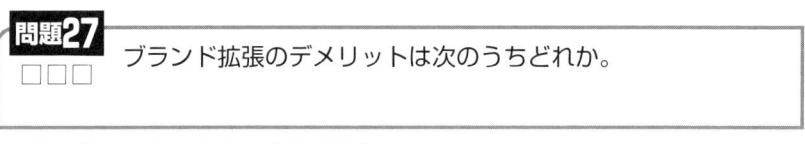

問題27 ブランド拡張のデメリットは次のうちどれか。

① ブランド・イメージの固定化
② 投資額の増大
③ 時間がかかる
④ ブランド・イメージの希薄化

問題28 ブランドがもつ無形の経営資産としての価値は何と呼ばれるか。

① ブランド・アイデンティティ
② ブランド・エクイティ
③ ブランド・イメージ
④ ブランド・ロイヤルティ

解答25 ③

解説 ブランドは、①そのブランドから連想される物理的・機能的な属性、②そのブランドが提供する物理的・情緒的な便益、③そのブランドの制作者の価値観、④そのブランドが象徴する歴史・文化、そのブランドの個性でありアイデンティティであるパーソナリティ、そして⑤そのブランドにふさわしいユーザー、から構成される。ブランド・ロイヤルティは、こうした要素に惹きつけられた人がもつ特定のブランドに対する固執度を表す。

解答26 ①

解説 ファミリー・ブランドの例としては、ライオンの植物物語や花王のビオレなどが挙げられる。またコーポレート・ブランドは企業レベルのブランド（味の素、サントリーなど）、事業ブランドは事業レベルのブランド（ファーストリテイリングのユニクロ、ジーユー、富士フイルムの化粧品アスタリフトなど）、製品ブランドは製品レベルのブランド（伊右衛門、クール宅急便など）である。

解答27 ④

解説 ブランド拡張とは、ある製品カテゴリーで確立されたブランドを他の製品カテゴリーに使用することを指す。すでに認知度の高いブランドであるため、市場浸透のための投資額が少なく、時間が短縮できるというメリットがある一方、拡張先の製品カテゴリーとそのブランド・イメージが整合的でない場合、ブランド・イメージが拡散し、ブランドのアイデンティティを希薄化させてしまう可能性がある。

解答28 ②

解説 無形資産としてのブランド・エクイティは、工場設備や有価証券などの有形資産と同様、投資して育成することで価値が高まる一方、放置したりイメージを傷つけるような行為によりその価値は低下する。ブランド・エクイティはブランド認知、ブランド連想、知覚品質、ブランド・ロイヤルティ、およびその他の資産の5つの要素からなる。

第2章 マーケティング

問題29 あるブランドと、製品の色、カテゴリー、属性、便益といった特定の事柄とを結びつけることを何というか。

① ブランド連想
② ブランド認知
③ 知覚品質
④ ブランド・イメージ

問題30 新しいブランド・マーケティングの考え方で誤っているものは次のうちどれか。

① 長期的なブランド資産管理
② 競争優位の源泉
③ 短期的な利益回収
④ 企業価値としてのブランド価値

解答29 ①

解説 ブランド連想とは、あるブランドと製品の色、カテゴリー、属性、便益、ユーザー、利用状況、あるいはキャラクターなどの特定の事柄を結びつけることを指し、そのブランドの購買決定やロイヤルティの基盤となる。またブランド認知とは、そのブランドがどの程度、どのように知られているかを表し、知覚品質とは消費者がある製品・サービスについてその購入目的や競合製品と比べた際に知覚される主観的な品質や優位性を指す。

解答30 ③

解説 ブランドを無形の資産として位置づける新しいブランド・マーケティングは、ブランドを製品差別化の手段として位置づけ、費用対便益による短期的な利益回収を追求する旧来のブランド管理の発想を転換するものである。そこではブランド価値を企業全体の価値として捉え、ブランド・ロイヤルティを確立することにより安定的な収益を確保し、ブランドを競争優位の源泉として長期的な視点から評価・管理する。

Ⅳ 戦略的価格設定

問題31 価格設定を行う際に考慮すべき点として、最も重要な問題は次のうちどれか。

① 差別化
② コスト
③ 戦術
④ 価値づけ

問題32 価格設定が可能な範囲の上限を規定するものは、次のうちどれか。

① 顧客価値
② 実勢価格
③ 製造・仕入れコスト
④ 企業が希望する価格

問題33 製品差別化によって売り手の価格設定の自由度はどのように変化するか。

① 低まる
② 変わらない
③ 高まる
④ 無関係

問題34 業界の寡占度が高くなれば、売り手の価格設定の自由度はどのように変化するか。

① 低まる
② 変わらない
③ 高まる
④ 無関係

解答31　④

解説　価格には買い手に対してその製品・サービスの価値を示す機能があり、価格水準はその製品・サービスの価値を反映する。特にその製品の品質を客観的に評価することができない場合、買い手はその価格を基準として品質を判断する。一般に製品差別化の程度が低いほど、製品は同質化し、価格競争に向かう傾向にある。

解答32　①

解説　価格は、顧客が製品・サービスの価値と比較して適正と認める顧客価値（カスタマー・バリュー）を上限とする。この顧客価値を超える価格であると、顧客は価値以上の価格が付いていると判断し、購入・利用にいたらない。一方、価格設定の下限は製造コストまたは仕入れコストである。この下限を下回る価格設定では、製造・仕入れコストが販売コストを上回り、売れれば売れるほど、損失を出すことになる。

解答33　③

解説　製品差別化が進行すると、競合する製品・サービスとは区別される部分市場が形成される。この差別化の程度に応じて、製品・サービスが同質的な場合に生じる価格競争を避け、より高い自由度で価格を設定することができる。高度に差別化された高級ブランドが価格競争に巻き込まれず、高い価格水準を維持できるのはそのためである。

解答34　③

解説　上位企業に市場シェアが集中し、業界の寡占度が高くなるほど、完全競争の状態から遠ざかる。完全競争から遠ざかるほど、売り手は市場で決定された価格を受け入れざるを得ない価格受容者（プライス・テイカー）から、より高い自由度で価格を設定できる価格設定者（プライス・セッター）になることができる。

問題35
買い手のスイッチング・コストが低くなることによって、売り手の価格設定の自由度はどのように変化するか。

① 低まる
② 変わらない
③ 高まる
④ 無関係

問題36
価格を変更したときに、どの程度需要量が変化するかを示す指標は何と呼ばれるか。

① 価格統一性
② 価格硬直性
③ 価格柔軟性
④ 価格弾力性

問題37
仕入れ価格に販売経費と利益など上乗せした価格を設定することを何と呼ぶか。

① コストプラス価格設定
② マークアップ価格設定
③ ターゲット価格設定
④ 需要価格設定

解答35 ①

解説 買い手が現在使用している製品・サービスを競合製品にスイッチ（乗り換え）しようとする場合、購入にコストがかかるなどの経済的コストや、時間を費やして利用方法を新しく学習しなければならないなどの心理的コストなどを負担しなければならない。こうしたコストが低い際にはスイッチが容易となり、売り手が高い価格を設定する自由度は低くなる。

解答36 ④

解説 需要の価格弾力性は、需要の変化率（％）÷価格の変化率（％）で表される。その絶対値が1より大きい場合、「弾力性が大きい」といい、価格変化により敏感に反応することを示す。1より小さい場合、「弾力性が小さい」といい、価格変化により鈍感であることを示す。一般に製品・サービスや市場セグメントによって価格弾力性は異なる。たとえば、コメや生鮮食品などの生活必需品の価格弾力性は低く、アクセサリーや宝石などの贅沢品の価格弾力性は高い。

$$需要の価格弾力性 = \frac{需要量の変化}{平均需要量} \bigg/ \frac{価格の変化}{平均価格}$$

解答37 ②

解説 マークアップ価格設定はコスト志向の価格設定の1つであり、流通業者によって用いられる方法である。マークアップの程度は製品の特徴によって異なる。商品回転率が高く薄利多売型のコモディティ商品の場合、マークアップ率は低く、商品回転率が低く利益の大きい高級ブランドや高級自動車では、高いマークアップ率が設定される。

$$販売価格 = \frac{仕入価格}{(100 - マークアップ率)/100}$$

第2章 マーケティング

問題38 顧客が認識する価値に焦点を合わせて設定される価格は、何志向と呼ばれるか。

① 内部志向
② 競争志向
③ コスト志向
④ 需要志向

問題39 市場導入の初期に高価格を設定し、早期に投資を回収することを狙った価格を示すものは次のうちどれか。

① 市場浸透価格
② 上澄み吸収価格
③ 実勢価格
④ 入札価格

問題40 販売量が増大するにつれて単位コストが下がるという前提に基づいて、市場投入の初期に低く設定された価格を示すものは次のうちどれか。

① 市場浸透価格
② 上澄み吸収価格
③ 実勢価格
④ 入札価格

問題41 メーカーが特別な品揃えや広告などの販売支援プログラムに参加し、自社製品を有利に扱った流通業者や買い手に対して支払う援助金あるいは払戻金は何と呼ばれるか。

① 現金割引
② 機能割引
③ アローワンス
④ リベート

解答38 ④

解説 需要志向の価格設定は、顧客が価値の水準として価格を認識することを前提に行われる価格設定の方法である。顧客がそのブランドに対してファッション性や希少性などの点で高い価値を認めている場合、高価格設定が行われる。これに対して競争志向は競合製品や業界の価格水準を参照した価格設定、コスト志向は製造コストや仕入れコストに基づいた価格設定である。

解答39 ②

解説 上澄み吸収価格の設定には、次のようないくつかの条件がある。①製品・サービスが差別化されており、他社が代替品となる競合製品を容易に出しにくいこと、②価格弾力性が小さく顧客が価格変化に敏感ではないこと、そして③高価格でも購買する顧客層が存在することである。

解答40 ①

解説 市場浸透価格が設定できる条件は、①学習効果が働き、より低コストで生産・販売のシステムを構築できること、②価格低下により需要が増加し、市場の成長が見込めること、③価格弾力性が高く、価格低下以上の需要量増が見込めること、そして④低価格によりコスト競争力のない競合製品を排除できること、である。

解答41 ③

解説 アローワンスには、広告アローワンスや陳列アローワンス、トレードイン・アローワンスなどがある。広告アローワンスと陳列アローワンスはいずれも、小売業者がメーカーの意図に沿った広告や陳列を行うことに対して与えられる報奨金である。また、パソコンソフトの旧モデルからのバージョンアップに対して行われる割引をトレードイン・アローワンスをいう。

問題42

一般的価格安定の方策として、誤っているものは次のうちどれか。

① メーカーから消費者への直販
② 独立の流通業者の利用
③ フランチャイズ・チェーンの主宰
④ 特約店の利用

問題43

プリンターとインク、コピー機とメインテナンス料、自動車と純正部品などのように、本体以外の周辺需要で利益を上げる価格・販売方法は何と呼ばれるか。

① プライス・ライニング
② 抱き合わせ販売
③ キャプティブ価格
④ プライス・リーダーシップ

解答42 ②

解説 資本上独立した流通業者は自己の利益を最大化するために行動するのが通常であり、そこにメーカーの希望通りに価格が設定される保証はまったくない。ある流通業者にとって低価格販売が合理的であれば、その製品・サービスは「安売り」されてしまうことになる。そのため、価格の安定化を図りたいメーカーにとって、こうした独立の流通業者を介して販売することは得策ではない。

解答43 ③

解説 キャプティブとは「虜」を意味し、キャプティブ価格とは本体を低価格で販売する一方、その維持で必要となる周辺用具に高価格を設定することを指す。低価格で製品を購入した顧客はその製品の虜となり、競合製品へのスイッチング・コストが高くなるため、その使用期間中に高価な周辺用具を買い続けなければならない。

Ⅴ プロモーションと営業戦略

問題44
プロモーション・ミックスを決定する際の主要な考慮事項として誤っているものは、次のうちどれか。

① 流通チャネルの段階
② 製品ライフサイクルの段階
③ 購買意思決定の段階
④ 製品の性質

問題45
広告の主要な役割ではないものは次のうちどれか。

① 知らせる
② 説得する
③ 再購入させる
④ 思い出させる

問題46
プロモーション手段の中でサンプル、クーポンの配布、実演販売、POP広告を内容とするものは次のうちどれか。

① 広告
② セールス・プロモーション
③ 人的販売
④ パブリシティ

問題47
メディアに対して資料を提供し、ニュースや記事などの形で取り上げられるように働きかける活動を示すものは次のうちどれか。

① 広告
② セールス・プロモーション
③ 人的販売
④ パブリシティ

解答44 ①

解説 プロモーション・ミックスは、ターゲット顧客に最も効果的かつ効率的に訴求することを目的としたプロモーション手段の組み合わせである。プロモーション・ミックスは、①製品ライフサイクルがどの段階（導入期、成長期、成熟期、衰退期）にあるか、②消費者の購買意思決定がどの段階（認知段階、感情段階、行動段階）にあるか、そして③製品の性質（生産財、消費財）を考慮して決定される。

解答45 ③

解説 広告の主要な役割は、買い手に①新しい製品・サービスの存在、使用方法、価格の変更などを「知らせる」こと、②製品に対する消費者の認識を変えたり、ブランドのスイッチを促すために「説得する」こと、そして③従来の認識を維持させたり、入手場所を想起させる「思い出させる」ことにある。

解答46 ②

解説 狭義の販売促進はセールス・プロモーションあるいは販促と呼ばれ、サンプル、クーポンの配布、実演販売、POP広告などの手段を用いて、特定の関心をもつ顧客の購買を促すことにより短期的な効果を上げようとする需要刺激策を指す。また、流通業者向けのセールス・プロモーションとしては、各種コンテストや販売助成・販売援助、あるいは販売店援助などが挙げられる。

解答47 ④

解説 パブリシティは、新聞、雑誌、テレビなどの公共的なメディアがニュースや記事などの形で扱うため、信頼性の高い情報として消費者や利用者に認識される。効果的なパブリシティには当事者の正確な情報提供が必要であるが、パブリシティがうまく行われると、新しい製品・サービスの情報がスムーズに受け入れられ、企業のイメージ向上につながる。

問題48
消費者の購買決定プロセスを示す AIDMA モデルの D の意味について正しいものは次のうちどれか。

① 注意
② 行動
③ 欲求
④ 記憶

問題49
消費者の購買決定プロセスの段階によってプロモーション手段の有効性は変化する。購買の段階で最も影響のある手段は次のうちどれか。

① 広告
② 人的販売
③ パブリシティ
④ セールス・プロモーション

問題50
生産財を扱う企業がプロモーション・ミックスを策定する際、最も重要な要素は次のうちどれか。

① パブリシティ
② セールス・プロモーション
③ 広告
④ 人的販売

問題51
広告や消費者向け販促活動によって、消費者需要を喚起する戦略は何と呼ばれるか。

① プル戦略
② プッシュ戦略
③ プレゼンス戦略
④ プロセス戦略

解答48 ③

解説 AIDMAは、製品の存在を知り（注意：Attention）、関心をもち（Interest）、欲しいと思い（Desire）、動機づけられ（Motive）、そして購入する（Action）、という購買の意思決定プロセスをモデル化したものである。Attentionを認知段階、Interest、Desire、Motiveを感情段階、そしてActionを購買段階として区別することもある。

解答49 ②

解説 製品・サービスへの注意から始まる消費者の購買意志決定プロセスの最終的な購買段階では、消費者の細かなニーズに対応したり、商品の使用方法や販売条件、アフターサービスなどを詳しく説明する必要がある。このような状況で最も有効な手段は、顧客と直接対面することにより双方向のコミュニケーションが可能な人的販売である。

解答50 ④

解説 生産財では、コミュニケーション手段の重要性は人的販売、セールス・プロモーション、広告、パブリシティの順となる。生産財の場合、消費財と比べて購買単価が大きい、購買頻度が低い、使用方法が複雑などの点で取引が複雑になるため、売り手企業の営業員が顧客企業に対して詳細で説得的なコミュニケーションを図ることが必要となる。

解答51 ①

解説 プル戦略は売り手から買い手にアプローチし、消費者の購買意欲を高めて店舗・製品に引き付ける戦略を指す。特に広告はプル戦略の重要な手段であり、自社ブランドに対する選好を強め、指名買いを促す。一方、卸売業者や小売業者といった流通チャネルに働きかけ、新規取引先の開拓や既存取引先に対する取引量の維持や拡大を図り、最終消費者に向けて製品を売り込む方法をプッシュ戦略という。

問題52 伝統的な日本的営業の特徴として誤っているものは次のうちどれか。

① 中央集権的な販売計画
② 一匹狼的な営業員
③ 提案型営業
④ 義理・人情の重視

問題53 ナレッジ・マネジメントの目的として最も適切なものは次のうちどれか。

① 情報の共有
② 情報の占有
③ 情報の拡散
④ 情報の集約

問題54 営業員が製品開発など他の部門と連携する営業方法は何と呼ばれるか。

① バトンタッチ営業
② 専門部署営業
③ 横断型営業
④ チーム型営業

解答52 ③

解説 伝統的な日本的営業の特徴は、本部による中央集権的な販売計画に基づくノルマ、厳格な実行命令のもとでの営業員の一匹狼的行動、非合理的な義理と人情などである。こうした日本的営業はプロモーション手段の1つとして位置づけられる傾向にあったが、環境変化とともに現代的な営業は組織全体の視点から取り組むべき活動として捉え直され始めている。

解答53 ①

解説 ナレッジ・マネジメント（knowledge management）とは、個人的経験に基づく知識、ノウハウ、スキルなどの情報を組織全体で共有・活用することによって、業務の効率と効果を上げようとする経営手法を指す。営業員の属人的な知識やノウハウ、スキルは言葉や文書で表し得ない暗黙知の中で実践されてきたが、そうした暗黙知の一部を形式知化することにより組織全体で情報共有し、管理する仕組みがナレッジ・マネジメントである。

解答54 ④

解説 チーム型営業とは、営業部門の営業員のみが顧客に接する営業形態とは異なり、営業部門が製品開発などの他の部門の担当者と連繋して顧客にアプローチする営業スタイルである。営業部門と製品開発部門が連携することにより、細かな顧客ニーズを踏まえた製品開発が行われやすくなるなどのメリットがある。

問題55 営業の革新で求められる顧客との新たな関係は次のうちどれか。

① 取引関係
② 短期的関係
③ 信頼関係
④ 依存関係

解答55 ③

解説 営業の革新は、①綿密な計画に基づく戦略型営業、②自社の製品・サービスの提供により顧客の問題解決を促す提案型営業、③顧客の問題・解決策の発見につながる対話型営業、そして④組織的な相互協力のもとで行われる組織型営業によって達成される。その究極的な目標は、顧客との間でより高い次元の信頼関係を構築することにある。

顧客の信頼と営業様式

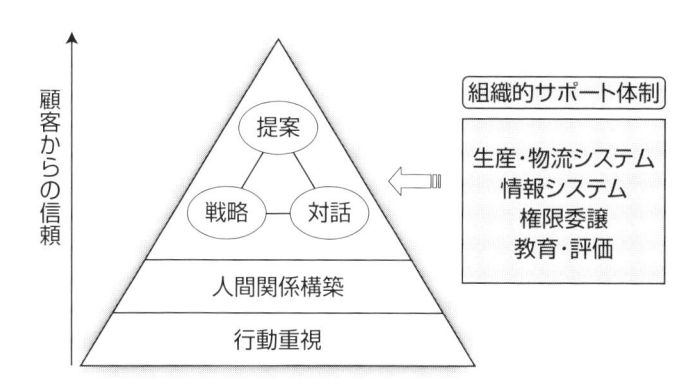

```
                    提案
              戦略       対話
          ────────────────────
              人間関係構築
          ────────────────────
                行動重視
```

縦軸：顧客からの信頼

組織的サポート体制
- 生産・物流システム
- 情報システム
- 権限委譲
- 教育・評価

出所：片桐誠士・高宮城朝則・東徹編『現代マーケティングの構図』嵯峨野書院、2000年。

VI 流通チャネルのマネジメント

問題56 生産者の数をM、消費者の数をCとするとき、この流通チャネルに1人の流通業者も介在しない場合、正しい取引の総数は次のうちどれか。

① M＋C
② M－C
③ M÷C
④ M×C

問題57 生産者の数をM、消費者の数をCとするとき、この流通チャネルに1人の流通業者が介在したときの正しい取引総数は次のうちどれか。

① M＋C
② M－C
③ M÷C
④ M×C

解答56 ④

解説 たとえば、生産者（M）の数を5、消費者（C）の数を5とすると、この流通チャネルに1人も流通業者が介在しない場合の取引総数はM×C、つまり5×5＝25となる。

解答57 ①

解説 生産者と消費者との間に流通業者が介在することの根拠として挙げられるのが、この取引総数最小化の原理である。生産者（M）の数を5、消費者（C）の数を5とするとき、ここに1人の流通業者が介在した場合、その取引総数はM+C、つまり5＋5＝10にまで少なくなる。

取引総数最小化の原理

流通業者が介在しない場合	流通業者が介在する場合
取引総数＝M×C　5×5＝25	取引総数＝M+C　5＋5＝10

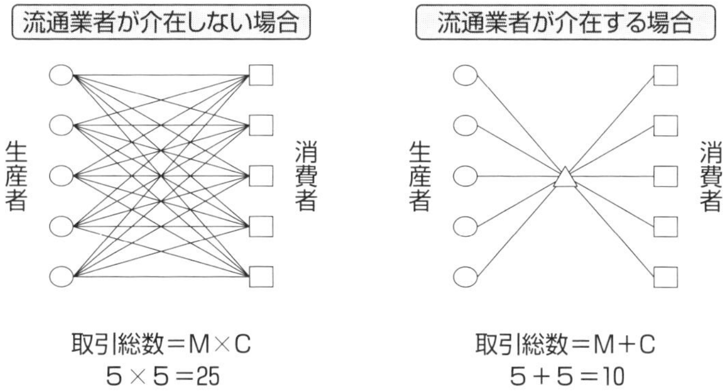

問題58
流通チャネルにおいて、生産者と消費者との間に流通業者が存在するメリットは次のうちどれか。

① 情報伝達が確実
② 商品配送が迅速
③ 流通コストが低い
④ 製造コストが低い

問題59
流通チャネルの機能として、適切でないものは次のうちどれか。

① 所有権移転機能
② 製品開発機能
③ 輸送・保管機能
④ 情報伝達機能

問題60
生産者と卸売業者、小売業者などの流通業者が自立的に行動し、毎回独立した取引を基礎とする関係が成立している流通チャネルは何と呼ばれるか。

① 選択的流通チャネル
② 垂直的流通チャネル
③ 水平的流通チャネル
④ 伝統的流通チャネル

問題61
生産段階、卸売段階、小売段階のうち、少なくとも2つ以上の段階が強く結びつき、チャネルをシステムとして統合・管理するチャネル・リーダーが存在するチャネルは何と呼ばれるか。

① 伝統的マーケティング・システム
② 垂直的マーケティング・システム
③ 水平的マーケティング・システム
④ 選択的マーケティング・システム

解答58 ③

解説 生産者と消費者が直接取引する（直接流通）のではなく、その間に小売業者という流通業者が入る（間接流通）ことによって、生産者にとっては店舗の開設・維持に関わるコスト、店舗運営・商品販売のための人件費、厳密な需要予測が困難なことから生じる売れ残りコスト、などを回避することができる。こうしたコストの削減が生産者に経済的なメリットをもたらす。

解答59 ②

解説 生産者と消費者との間には、①所有者が異なる、②財の生産場所と消費場所が異なる、③財の生産時点と消費時点が異なる、④互いに相手の情報をもたない、などさまざまな懸隔（ギャップ）がある。こうした懸隔を埋めるのが流通チャネルの機能であり、上記の懸隔はそれぞれ所有権移転機能、輸送・保管機能、情報伝達機能によって埋められる。

解答60 ④

解説 伝統的流通チャネル（Conventional Distribution Channel）は農産物流通に典型的にみられるように、生産者、卸売業者、小売業者がそれぞれ自身の経営判断に基づいて独自に行動し、一回限りの売買が繰り返されるチャネルである。チャネル・メンバー間に資本的・人的な結びつきがないことも特徴である。

解答61 ②

解説 垂直的マーケティング・システム（VMS：Vertical Marketing System）は、伝統的流通チャネルとは対照的に長期的・継続的な取引関係を重視し、単一組織に近い形で運営されるチャネル・システムである。競争はメーカー間、流通業者間という同じ水平段階の企業間だけではなく、VMSを1つの競争単位として行われることが特徴である。

問題62
特定の企業によってチャネルの異なった段階が統合されたシステムは何と呼ばれるか。

① 契約型VMS
② 企業型VMS
③ 選択型VMS
④ 管理型VMS

問題63
企業型VMSの特性として最も適切なものは次のうちどれか。

① 統制力が強い
② 劇的な環境変化に柔軟である
③ 構築・維持にコストがかかる
④ 情報伝達が迅速である

問題64
情報力やブランド力をもったチャネル・リーダーが、異なったチャネル段階にある独立した企業を厳密な契約によらずに緩やかに組織化する垂直型マーケティング・システムは何と呼ばれるか。

① 契約型VMS
② 企業型VMS
③ 選択型VMS
④ 管理型VMS

解答62 ②

解説 企業型VMSの例としては、①SPA（Specialty store retailer of Private label Apparel）と呼ばれる製造小売（ファーストリテイリング、ギャップ、ザラ、H&Mなど）の他に、②メーカーによる自社卸売部門の設置（資生堂と資生堂販売、花王と花王カスタマーマーケティング、パナソニックとパナソニックコンシューマーマーケティングなど）や、③メーカーによる自社小売部門の設置（アップル社のアップルストア）、あるいは④小売業者による自社生産部門の設置（大手量販店によるプライベート・ブランド生産）などが挙げられる。

解答63 ①

解説 企業型VMSは、契約型VMSや管理型VMSに比べて最も統制力が強く、共通の目標のもと、あたかも単一企業のように行動することができる。しかしその一方で、チャネルを構築・維持するための投下資本が大きく、経営資源や取引関係が固定化してしまうため、環境変化に柔軟に対応することが難しくなる場合がある。

解答64 ④

解説 管理型VMSは、顧客データベースやPOSデータなどの情報力や強いブランド力をもつチャネル・リーダーが販売地域ごとに卸売業者を選定し、自社製品の優先的販売権を与えるシステムを指す。特約店・代理店システムがこれに当てはまる。家電や化粧品、医薬品などに多くみられる形態である。

問題65
問題64のVMSの特性を示すものは次のうちどれか。

① 劇的な環境変化に柔軟である
② 統制力が弱い
③ 情報伝達が迅速である
④ 構築・維持にコストがかかる

問題66
フランチャイズ・システムが該当するVMSは次のうちどれか。

① 契約型VMS
② 企業型VMS
③ 選択型VMS
④ 管理型VMS

問題67
消費者の高い購買頻度に対応するため、できるだけ数多くかつ多様な小売店を販路として露出度を高め、そのために多くの卸売業者を用いるチャネル政策は次のうちどれか。

① 排他的チャネル政策
② 選択的チャネル政策
③ 開放的チャネル政策
④ 管理的チャネル政策

問題68
ブランド・イメージの維持や消費者への高サービスの必要性から、卸売業者・小売業者を限定する政策は次のうちどれか。

① 排他的チャネル政策
② 選択的チャネル政策
③ 開放的チャネル政策
④ 管理的チャネル政策

解答65 ②

解説 管理型VMSは、チャネル・リーダーが他の段階のチャネル・メンバー企業を統制する。企業型VMSに比べてチャネルの管理・運営コストはより低いが、資本統合や厳密な契約に基づいたチャネルではないため、その統制の程度は企業型VMSに比べて弱く、チャネル・メンバーはある程度の行動の自由をもつ。

解答66 ①

解説 フランチャイズ・システムとは、本部（フランチャイザー）による運営の計画、指導、管理のもとでフランチャイズ契約を結んだ加盟店（フランチャイジー）が商標や経営のノウハウ、商品・サービスの提供を受け、事業活動を行う形態をいう。コンビニエンスストアや洋菓子店などの小売業、ハンバーガーショップやファミリーレストランなどの外食産業などで一般的なチャネル・システムである。

解答67 ③

解説 食料品や日用品のような最寄品の場合、できるだけ消費者の近くで商品を提供する必要がある。そのためには流通業者を限定せずに、できるだけ多くの卸売業者、小売業者に取り扱ってもらい、幅広いストア・カバレッジを追求しなければならない。一方で、取扱業者が自社製品を優先的に扱うとは限らず、また競合製品との価格競争に巻き込まれるリスクも伴う。

解答68 ①

解説 排他的チャネル政策は、流通業者に独占的販売権を与える代わりに、競合品の取り扱いを禁じるもので、自動車や高級ブランドなど専門品の流通チャネルに適した政策である。開放的チャネルに比べて流通チャネルを統制しやすく、価格競争に巻き込まれにくいというメリットがある反面、流通チャネルの限定性から露出度が低くなるなどのデメリットもある。

問題69

チャネルを構築する際の考慮事項として誤っているものは次のうちどれか。

① 人口・顧客動態
② 製品特性
③ 投資額・維持コスト
④ 為替変動

問題70

チャネル・メンバーが、そのチャネル組織と強く結びつきたいと考えている場合に発生するパワーは次のうちどれか。

① 報酬パワー
② 一体化パワー
③ 専門性パワー
④ 制裁パワー

解答69 ④
解説 チャネル構築に際しては、人口や顧客がどのように変化しているか、製品がどのような特性をもつか、チャネルの構築にどの程度の投資が必要であり、それを維持するのにどの程度のコストがかかるのか、顧客はどのように購入するのか、競合他社の流通チャネル政策はどうか、そして自社の競争力はどの程度か、などを総合的に考慮しなければならない。

解答70 ②
解説 チャネル・リーダーは、チャネルの共通目標を達成するために他のチャネル・メンバーの行動を統制するパワーを行使する。一体化パワーの他、①チャネル・リーダーの要請に従うことによって与えられる報酬パワー、②逆に従わないことによって与えられる制裁パワー、③チャネル・リーダーがもつ専門的な能力に基づく専門性パワー、④チャネル・リーダーがパワーを行使する正当性や権利を有していることによる正当性パワー、がある。

VII マーケティング・リサーチ

問題71
マーケティング・リサーチは大きく探索型リサーチと検証型リサーチに分けられる。このうち探索型リサーチの特徴として誤っているものは次のうちどれか。

① 収集すべき必要な情報が明確である
② リサーチ・プロセスが柔軟で、構造化されていない
③ サンプル・サイズが小規模で、母集団を代表していない
④ 一次データの分析は定性的である

問題72
調査者がリサーチを通じて特性を明らかにしようとする対象を示すものは次のうちどれか。

① 準拠集団
② 小集団
③ 標本
④ 母集団

問題73
調査対象を作為的に抽出するサンプリング方法は何と呼ばれるか。

① 無作為抽出法
② 有意抽出法
③ 系統抽出法
④ 集落抽出法

解答71 ①
解説 探索型リサーチは、リサーチそのものの課題を探索し、それを明確にしたり、続く検証型リサーチのための仮説を導出したりするために行われる。マーケティングでは、潜在的な顧客ニーズを発見したり、そのニーズに対応した新しい製品コンセプトを考察するために用いられる。

解答72 ④
解説 母集団とは、統計的な推測のための調査対象条件に当てはまるすべての要素の集合を指す。個人、世帯、事業所などの要素の集まりがその例である。一方、国勢調査にみられるような母集団のすべての要素を対象とすることを全数調査というが、通常は調査コストや時間がかかるというデメリットがある。

解答73 ②
解説 有意抽出法は、調査者が知識や経験に基づいて母集団を代表すると考えられる「代表的」あるいは「典型的」な調査対象を抽出する方法である。確率による抽出が困難な場合や、大規模調査に先立つプレ調査には適切な方法であるが、一般に調査設計者や調査者の主観的な判断が入るため、選ばれたサンプルが母集団の代表性を必ずしも保証しないというデメリットもある。

問題74
すでに一般に公開されていたり、間接的に入手できるデータは何と呼ばれるか。

① 一次データ
② 二次データ
③ 定量データ
④ 定性データ

問題75
売上げデータや顧客データなど数値によって測定、集計、分析ができるデータは次のうちどれか。

① 一次データ
② 二次データ
③ 定量データ
④ 定性データ

問題76
サンプルの代表性が高く情報量は多いが、調査費用が高くつくリサーチは次のうちどれか。

① 訪問留置法
② 街頭調査
③ インターネット調査
④ グループ・インタビュー

問題77
インターネット調査の特性として誤っているものは次のうちどれか。

① 調査地域を全国、全世界に広げることができる
② 調査コストが少ない
③ 短期間で調査を行うことができる
④ 母集団の代表性が保証されている

解答74 ②

解説 二次データはさらに、外部機関が作成した外部データと組織内で他の目的のために収集された内部データに分けられる。外部データには公官庁や業界団体、調査機関、雑誌などが公開する統計データや刊行物、データベースなどがあり、内部データには売上げデータや顧客データなどがある。

解答75 ③

解説 定量データにはこの他、数値に置き換えられるもの（たとえば、性別では男性を0、女性を1、肯定否定の回答を「はい」を0、「いいえ」を1）も含まれる。一方、定性データは画像、音声など数値で表せないものをいう。またアンケートなどの選択式の質問項目で得られた情報も定量データに含まれる。

解答76 ①

解説 訪問留置法は、調査員が調査対象を訪問し、調査票を配布して回答を依頼し、一定期間内に回答してもらった後に、日をおいて調査員が再度訪問して記入済みの調査票を回収する方法である。調査費用のかかる方法であるため、調査対象区域が地理的に限られていたり、対象数が少ない場合に適している。

解答77 ④

解説 インターネット調査は調査地域を格段に広げることができ、短期間かつ低コストで実施できるというメリットがある反面、回答者がインターネット利用者に限定されるため、母集団を代表するサンプルであるとはいえず、このため結果にバイアスがかかる可能性がある。

問題78

事実を発見しやすく現場を理解するのに適しているが、結果を一般化しにくく、調査者の高いリサーチ能力が必要とされる調査は次のうちどれか。

① 会場調査
② 訪問調査
③ 通信による調査
④ 観察調査

問題79

グループ・インタビューのデメリットのうち適切なものは次のうちどれか。

① 司会者の能力によって成果が左右される
② 回収率が低い
③ 質問量が少ない
④ 施設や装置が必要

問題80

電話調査のメリットを示すものは次のうちどれか。

① 現場を理解できる
② より深い情報が得られる
③ 短期間で調査が可能である
④ より多くの情報が得られる

問題81

複数の変数間の相互関係を分析する統計手法は次のうちどれか。

① 多変量解析
② 記述統計
③ KJ法
④ クロス集計

解答78 ④

解説 観察調査とは、調査者が直接現場で対象者の行動や状況を観察し、そこから一次データを収集する方法をいう。小売店の来店客数調査がその例である。観察調査のメリットは精度の高い情報が得られることにあるが、一方、そうした事実が起こった要因や背景を明らかにすることができないというデメリットもある。

解答79 ①

解説 グループ・インタビューは、司会者がどのように会話をリードするかによって、もたらされる成果の水準が異なってくる。このため当初のグループ・インタビューの目的を達成できるかどうかは、司会者の能力に大きく依存する。また1サンプル当たりのコストが高くなるため、サンプル数が小さくなる傾向がある。一方、メリットとしては深く、詳細な情報を入手することができることが挙げられる。

解答80 ③

解説 電話調査にはこの他、対象者に接触しやすい、すぐに回答が得られる、費用が安く済むなどのメリットがある反面、質問量が限られる、質問が単純になる、電話帳への掲載が減っているため代表性に問題がある、などのデメリットがある。

解答81 ①

解説 多変量解析の目的は①複数の変数を分類・整理すること、および②変数間の因果関係を解明することにある。たとえば、①では、分類軸を抽出してブランドのポジショニングや市場細分化などが行われ、②では、あるブランドの全体満足がどのような要素から構成され、それぞれの要素が満足度にどの程度の影響を及ぼしているのか、などを検証することができる。

問題82 収集したデータの特徴や構造を客観的に示すための方法は次のうちどれか。

① 多変量解析
② 記述統計
③ KJ法
④ クロス集計

解答82 ②

解説 記述統計は、調査対象となるすべてのデータを収集し、母集団の特性を明らかにする方法である。多数のデータを収集した際にデータ全体を俯瞰したり、その特徴を捉えることが困難な場合に用いられる。記述統計には、平均値、分散、標準偏差などが含まれるが、いずれも母集団ではなく、収集したデータのみを対象とする。

第3章

組織行動と人的資源管理

　第3章では、「組織行動と人的資源管理」に関する問題を扱います。問題は、次の7つのカテゴリーに分かれています。

- Ⅰ　組織行動学と人的資源管理
- Ⅱ　モチベーション
- Ⅲ　ロジカルシンキングと能力開発
- Ⅳ　コミュニケーション
- Ⅴ　リーダーシップ
- Ⅵ　組織としてのシステム
- Ⅶ　組織変革

Ⅰ 組織行動学と人的資源管理

問題 1 組織行動学に関連する分野として、該当性が低いものは次のうちどれか。

① 心理学
② 人類学
③ 政治科学
④ 社会学
⑤ 統計学

解答1 ⑤

解説 組織行動学は、応用行動科学として位置づけられる。行動科学とは、人間の行動が引き起こされるプロセスやその原因を探求する学問領域であり、これにはいろいろな既存の学問分野が密接に関係しており、それらの各分野の基礎的な知見に基づいて研究が進められている。特に深い関連をもつ分野には、心理学、社会学、社会心理学、人類学、政治科学などが挙げられる。統計学は関連各分野の研究・分析手法の1つとして活用されていると考えられるが、組織行動学との直接的な関連性は低い。

組織行動学の生い立ち

〔学問分野〕 〔貢献〕 〔分析のレベル〕

- 実験心理学／比較心理学／動物心理学／発達心理学 → 学習心理学・人格心理学・認知心理学 →
  - 学習、動機付け
  - パーソナリティ
  - 訓練、個人の意思決定

→ 社会心理学・産業心理学 →
  - 組織変容、態度変容
  - コミュニケーション
  - 集団意思決定
  - 集団過程
  - 職務満足、業績評価
  - 態度測定、職務設計
  - ワークストレス

⇒ 個人（従業員）

- 社会心理学 → 社会学 →
  - グループダイナミズム
  - 仕事チーム
  - コミュニケーション
  - 地位、努力、コンフリクト

⇒ グループ（管理職）

  - 組織論、官僚制
  - 組織行動変革
  - 組織文化

- 人類学 →
  - 比較価値、比較態度
  - 交差文化的分析
  - 組織文化
  - 組織環境

⇒ 組織（経営者）

- 政治科学 →
  - コンフリクト
  - 組織内ポリティクス
  - 勢力争い

⇒ 組織行動学

出所：ロビンス, S.P.（高木晴夫監訳）『組織行動のマネジメント』ダイヤモンド社、1997、図1.1, p.6を参考に一部修正のうえ作成。

問題 2

組織行動学の研究成果として生み出された知見が役立つ実践場面に該当しないものは次のうちどれか。

① 職務における品質と生産性の改善
② 対人関係スキルの改善
③ 製品生産管理の改善
④ 適切な権限委譲の実現
⑤ 従業員の動機づけ

問題 3

組織行動学の研究範囲は、人的資源管理（Human Resource Management）と大きく重複するが、完全に一致しているわけではない。以下の中で、組織行動学に含まれ人的資源管理に含まれていない項目は次のうちどれか。

① 採用
② 配置・異動
③ 評価
④ リーダーシップ・スタイル
⑤ 報酬

解答 2 ③

解説 組織行動学は、組織行動について説明し、予測し、統制を助けるための探求分野である。したがってその成果として生み出された各種の理論や知見は、全職能分野や部門、セクションに共通する課題に役立つ。具体的には、品質と生産性の改善、対人スキルの改善、適切な権限委譲の実現、従業員の動機づけ、多様な労働力のマネジメント、変革の促進などである。ただし、生産管理や会計制度の改善といった個々の職能分野固有の技術的問題は対象外となっている。

解答 3 ④

解説 人的資源管理では人材の採用や育成、労働環境といった個人レベルでの動機づけなどは研究領域として含んでいるが、組織としての行動（いわゆる組織行動）に関する分野は含んでいなかったようである。

なお、人的資源管理の範囲の考え方は必ずしも一定ではないが、以下の8項目については殆どの場合、網羅されている。それらは、①「採用」、②「配置・異動」、③「評価」、④「報酬」、⑤「昇進」、⑥「福利厚生」、⑦「退職・解雇」、⑧「能力開発」である。

問題 4

組織行動学における研究成果は大きく「個人レベル」「グループレベル」「組織レベル」の3つに分けられている。会社全体の組織構造や業績評価、報酬システムが該当するレベルは次のうちどれか。

① 個人レベル
② グループレベル
③ 組織レベル
④ 個人レベルとグループレベル
⑤ グループレベルと組織レベル

解答4 ③

解説 組織行動学では組織を構成する個人に対する研究成果が基礎になるが、個人の研究成果（つまり個人の行動に対する説明や予測や統制）を合算すればグループの行動を説明できるというものではない。なぜなら、たとえ個人であってもグループのメンバーとしての行動は、1人でいるときの行動と異なるからである。さらに、グループの行動を単純に足し合わせても、会社全体の行動をすべて説明できるわけではない。その理由としては、各部門固有の文化や行動規範とは別に、会社全体の文化や行動規範が厳然と存在していることが挙げられる。したがって、個人だけではなく、グループおよび組織として、それぞれの研究が必要となる。たとえば、会社全体の組織構造や業績評価、報酬システムについては、最上位の組織レベルの問題として研究される。なお、グループと組織の明確な差異には曖昧な部分があるが、典型的なグループは普段一緒に仕事をしている数人から十数人程度のチームやセクション的なものであり、典型的な組織はそのグループを束ねたもの、あるいは、企業全体である。

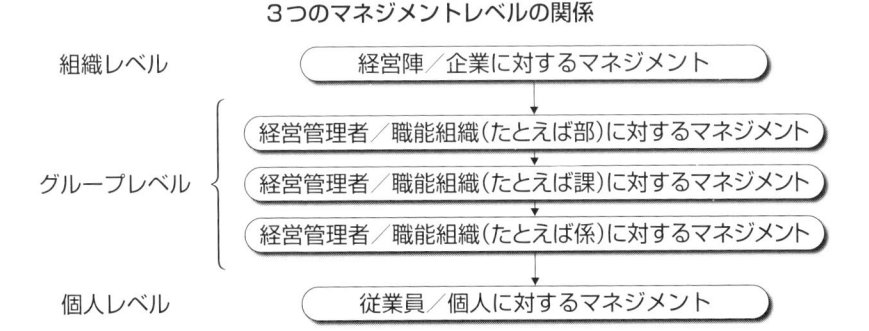

3つのマネジメントレベルの関係

組織レベル ── 経営陣／企業に対するマネジメント

グループレベル ── 経営管理者／職能組織（たとえば部）に対するマネジメント
　　　　　　　　　経営管理者／職能組織（たとえば課）に対するマネジメント
　　　　　　　　　経営管理者／職能組織（たとえば係）に対するマネジメント

個人レベル ── 従業員／個人に対するマネジメント

第3章 組織行動と人的資源管理

問題5 以下のうち、1970年代の経営革新運動以前の人的資源管理の呼称は次のうちどれか。

① 人事労務管理
② 労務厚生管理
③ 戦略的人的資源管理

解答5 ①

解説 1970年代に米国が国際的競争力の低下に直面しときに発生した経営革新運動の一環として、「従来の人事労務管理（PM：Personnel Management）」が「人的資源管理（HRM：Human Resource Management）」へ改定された。さらに、1980年代半頃から経営戦略論や戦略的経営論の研究者によって、HRMと経営戦略を結び付けて議論する動きが生じ、その結果「戦略的人的資源管理（SHRM（シャーム）：Strategic Human Resource Management）」なる用語が生まれた。

人的資源管理の変遷

人事労務管理（Personnel Management：PM）
　↓ 経営革新運動（1970年代）
人的資源管理（Human Resource Management：HRM）
　↓ 経営戦略論と連携（1980年代）
戦略的人的資源管理（Strategic Human Resource Management：SHRM）

なお、戦略的人的資源管理における人材調達には、厳密にいうと次の2つの考え方がある。1つは、"「戦略適合型」の人的資源管理"であり、企業が達成しようとしている戦略の実現能力の高い人材を外部から集めるタイプのもので、主に欧米でみられる人的資源の調達である。もう1つは、"「（既存の）人的資源の優位性活用型」の人的資源管理"である。これはすでに社員として社内に在籍している人材の特徴・能力を活かす形で戦略を立案し、競争優位を実現するもので、日本に多くみられる人的資源の活用・活性化である。

II モチベーション

問題6 組織で働く個人の職務満足感に大きな影響を及ぼすものとして、妥当性が明らかに低いものは次のうちどれか。

① 精神的なやりがい
② 公平な報酬
③ 他社より高い報酬
④ 友好的で支援してくれる同僚
⑤ 成し遂げた場合のフィードバック

問題7 組織における人間関係の問題が究極的に帰着する問題は次のうちどれか。

① 職務満足の問題
② モチベーションの問題
③ 業績評価の問題
④ コミュニケーションの問題
⑤ マネジメントの問題

解答6 ③

解説 個人としての従業員の職務満足につながる要因として「他社より高い報酬」は明らかにその影響が小さい。「従業員の得る報酬が生活を支えるために十分かどうか」は、不満を抑止するための要因（ハーズバーグのいう衛生要因）としては重要であり、「他社より高い報酬」も同様に職務に対する不満抑止効果はあると考えられるが、満足感向上としての効果は薄い。

「他社より高い報酬」よりも、「精神的なやりがい」、「公平な報酬」、「友好的で支援してくれる同僚」、「成し遂げた場合のフィードバック」の方が明らかに満足感向上への影響は大きい。なお、これら以外にも「自身の能力や技能を発揮できるチャンス」、「職務に変化や一定の自由度があること」も、高い職務満足につながる要因となっているようである。

解答7 ④

解説 組織における人間関係の問題は、究極的には「コミュニケーションの問題」に帰着する。組織では組織の運営を維持させようとするために誰もが「自己統制」するようになり、各自の本音と言葉として発せられる表現が一致しなくなることが、人間関係に関わる問題の大きな原因となる。具体的には、悲しいときに笑い、怒っているときに丁寧な言葉を使い、恐れているときに自信ありげに行動するなどである。

問題 8

欲求五段階説として有名なマズローの理論は、元々は2段階である。下位の欲求は下位4階層を一括りにしたもので、他の人は手にしているのに自分は持っていないので、それを欲しがるという欲求である。これを何というか。

① 自己実現欲求
② 承認の欲求
③ 欠乏欲求

問題 9

ハーズバーグは、人間という生き物は動物であると同時に人間であり、その決定的な差異に基づいて2種類の欲求を有するとした。動物的特性に基づく欲求が「衛生要因」であり、人間性に基づく欲求（精神的成長の欲求）が「動機づけ要因」である。「動機づけ要因」に完全に相当する、マズローの5段階の欲求階層はどれか？

① 自己実現の欲求
② 承認の欲求
③ 所属と愛の欲求
④ 安全の欲求
⑤ 生理的欲求

解答8 ③

解説 マズローの欲求段階説は5段階説として有名であるが、この理論のベースは「自己実現欲求（Being Needs）」と「基本的欲求（Deficient Needs）」の2階層である。基本的欲求（欠乏欲求）とは、他者が有しているにもかかわらず自分はもっていないので"（私も）欲しい"という欲求であり、本当にその人が必要としているとは限らないものである。

そして、この基本的欲求もその内訳を細かく調べると以下のような4段階で構成されることをマズローは発見し、自己実現欲求とあわせて5段階説となった。

マズローの欲求段階説

- 自己実現の欲求（成長動機）
- 承認の欲求
- 所属と愛の欲求
- 安全の欲求
- 生理的欲求

（承認の欲求・所属と愛の欲求・安全の欲求・生理的欲求）＝基本的欲求（欠乏動機）

解答9 ①②

解説 ハーズバーグは動物的特性に基づく欲求を「衛生要因」（具体的には作業条件、対人関係、給与など）とし、人間性に基づく欲求（精神的成長の欲求）を「動機づけ要因」（達成、承認、責任など）とした。マズローの5段階説との対応でいうと、「衛生欲求」には第1段階の"生理的欲求"、第2段階の"安全の欲求"が完全に該当する。また、「動機づけ要因」には、第4段階の"承認の欲求"と第5段階の"自己実現欲求"が該当している。なお、第3段階の"所属と愛（仲間や同僚との愛情・友情）の欲求"は、一部が「動機づけ要因」に該当し、一部が「衛生要因」に該当すると考えられている。

問題10

あまり知られていないがドラッカーも動機づけについて論じており、働く人達から最高の仕事を引き出すためには、いかなる動機づけが必要か、研究した。その結果、ドラッカーが得た結論、つまりは働く人が求めているのは次のうちどれか。

① 満足
② 責任
③ 報酬

問題11

11. ロビンスの目標設定理論による目標管理に必要な4つの要件は次のうちどれか。すべて選択せよ。

① 目標の設定
② 参加型の政策決定
③ 明白な期間の設定
④ 報酬の向上
⑤ 業績のフィードバック

問題12

マグレガーは、「普通の人間は命令される方が好きで、責任を回避したがり、あまり野心をもたず、何よりも安全を望んでいる」というX理論と、「普通の人間は、条件次第では責任を引き受けるばかりか、自ら進んで責任をとろうとする」というY理論を発表したが、人間を肯定的にみるY理論に基づく動機づけの考え方は次のうちどれか。

① 階層原則
② 統合原則

解答10 ②

解説　ドラッカーは、次のように記している。

　今日、従業員の満足が関心を集めている原因は、産業社会においてはもはや恐怖が動機づけとはなりえなくなったということである。しかし、従業員の満足に関心を移すことは、動機づけとしての恐怖が消滅したことによってもたらされる問題から、逃げているに過ぎない。

　今日必要とされていることは、外からの恐怖（外部環境や市場からの期待）を、仕事に対する内からの動機に変えることであり、ここにおいて動機として意味あるものは、満足ではなく責任となる。

解答11　①②③⑤

解説　ロビンスの目標設定理論は、多くの動機づけ理論を整理したうえで「動機づけ理論は文化（組織文化）に左右される」ということに気づき、動機づけの具体的な手段の1つとして、目標管理（MBO：Management by Objectives）を提案している。ロビンスが示した4つの要件のうち、「目標の設定」は、組織全体の目標をブレイクダウンして最後は個人別の目標まで展開したものであり、「参加型の政策決定」については、各個人の具体的な目標設定の意味が含まれていることに注意されたい。

解答12　②

解説　"階層原則"はＸ理論による組織づくりの中心原則であり、いわゆる職位に応じた権限行使による命令・統制に基づく原則である。一方、Ｙ理論に基づく"統合原則"とは従業員が企業の反映のために努力することによって、各自自身の目標を最高に成し遂げられる条件をつくるのが有効とする原則である。

　マグレガーはこのＸ理論とＹ理論はそれぞれ一長一短であり、現実的には両者を適切にミックスさせる必要があるとしている。なお、Ｘ理論・Ｙ理論は動機づけに深く関わっているが、厳密には動機づけの理論ではない。

問題13

マズローが「人間社会で、この欲求が妨害されることが、不適応やさらに重度の病理の最も一般的な原因となっている」としている欲求は次のうちどれか。

① 生理的欲求
② 安全の欲求
③ 所属と愛の欲求
④ 承認の欲求
⑤ 自己実現の欲求

解答13 ③

解説 マズローは自己実現へのステップを解明するためには、当時の一般的な動機づけの理論（いわゆる「欠乏動機」）とは異なる理論が必要と考え、上位概念として「成長動機」を位置づけた。つまりマズローの欲求階層説は、人間の動機を何らかの欠乏から生じる「欠乏動機」と自己実現のための「成長動機」に分類したのである。そのうえで、欠乏動機から生じる欲求を生理的、安全、所属と愛、承認の4階層化し、そのうえに自己実現欲求を位置づけた。その中の「所属と愛（仲間との愛情、友情、社会性）への欲求」は他者との関わりの中で満たされるものであるため、現在では「社会的欲求」あるいは「社会性の欲求」と呼ばれることもある。なお、「所属と愛の欲求」を言い換えると他者との愛情や友情、信頼関係等の構築に関する欲求であって、いうまでもなく性的な欲求ではない。性的欲求は一番下位の「生理的欲求」に含まれる。

III ロジカルシンキングと能力開発

問題14 「AならばBである」を示しているベン図は次のうちどれか。

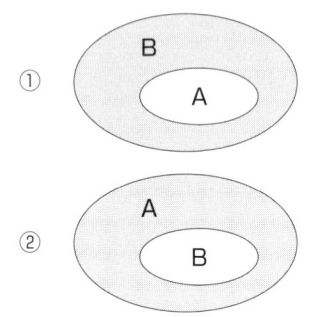

① B を外側、A を内側にしたベン図

② A を外側、B を内側にしたベン図

問題15 「AならばBである」が成立するとき、同時に成り立つのは次のうちどれか。

① 「BでないならばAでない」
② 「AでないならばBでない」
③ 「BならばAである」

解答14 ①

解説 「AならばBである」を示しているのは①である。

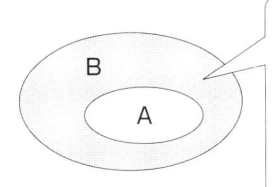

> 外側の大きな楕円の内側がすべてBであり、内側の小さな楕円の内側がすべてAである。
> Bの領域にAはすべて含まれるので「AならばBである」が成り立つ。
> しかし、Aの外側でBの内側の部分（ドーナツ状の部分）はAではないがBには該当する。したがって、「BならばAである」は成り立たない

　ベン図（ヴェン図）とは、複数の集合の関係や、真偽を表す論理演算の結果を視覚的に示している。イギリスの数学者ジョン・ベン（ヴェン）によって考案された表現形態である。

解答15 ①

解説

①「BでないならばAでない」

　右図ではBでない部分を網掛けしている。
Bでないところは一番外側の網掛け部分なので、白抜きのAの部分はBではない（成立）

②「AでないならばBでない」

　右図ではAでない部分を網かけしている。
Aでない部分にBの部分が含まれている（不成立）

③「BならばAである」

　右図ではBの部分を薄い網掛け、Aの部分を濃い網掛けしている。
Aの外側の部分（Aでない部分）がBに含まれている（つまり、BなのにAでない部分（薄い網掛け部分）がある）（不成立）

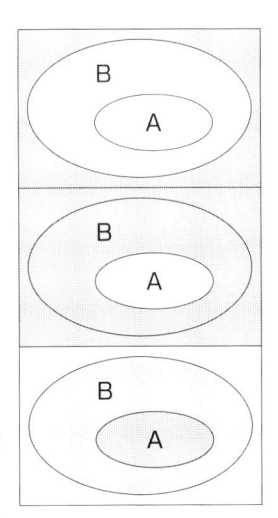

第3章 組織行動と人的資源管理

問題16 論理思考・論理的展開（ロジカルシンキング）は大きく分けると、演繹（前提に基づいて必然的な間違いのない結論を導く展開）と帰納（前提に基づいて間違っているかもしれないが可能性がある事柄を推測・発見する展開）となる。このような論理展開（演繹あるいは帰納）に必ず用いられる言語の展開構造は次のうちどれか。すべて選択せよ。

① 付加的な接続構造（しかも、むしろ）
② 論証（理由提示）の接続構造（なぜなら、というのも、その理由は）
③ 論証（帰結提示）の接続構造（それゆえ、だから、したがって、つまり、結論として）
④ 例示の接続構造（たとえば）

問題17 ゼックミスタによって提唱された「クリティカルシンキング」は、必然的（推測などによる錯誤を排除した）論理展開を意味しているが、これを可能にしているのは次のうちどれか。

① 演繹的な論理展開
② 帰納的な論理展開

問題18 新入社員に最低限実施できるようにならなければならない仕事上のルールやマナー、手順を身につけさせるために、有効性の高いのは？

① Off-JT（Off the Job Training）
② OJT（On the Job Training）
③ SD（Self-Development）

解答16 ②③

解説 人間が発する自然言語としての論理展開には、文法的な誤りや論理の飛躍なども多く発生するため、いろいろな言語展開構造があるが、論理的な展開の中には、必ず、その必然的な結論（演繹の場合）、あるいは可能性としての推測・発見（帰納の場合）のいずれの場合も、理由あるいは根拠と帰結・結論は、説得力を高めるためには示す必要がある。

なお、人間による自然言語の構造には、左に示したもの以外に、以下のような構造もあり、広義の論理展開に含まれる。

- 解説・説明構造（要約すれば、具体的にいうと、すなわち）
- 転換構造（対立する主張への接続構造）（…だが…、…ただし…）
- 譲歩（一部容認などの構造）（たしかに…である、もちろん…である）
- 対比（…である。一方／他方／それに対して…）

解答17 ①

解説 ゼックミスタの「クリティカルシンキング」は、間違いや錯誤を排除した、演繹的な論理展開である。これを実施するためのもう1つの要件、つまり、単なる論理思考に留まるのではなく有効性の高い結論を得るための「クリティカルシンキング」を行うためには、議論や検討の対象に関する詳細な情報を十分に理解していることを前提とする。詳細な情報を十分に理解せずに、検討や考察を始めてしまうと、単なる論理思考（ロジカルシンキング）のレベルにとどまってしまう可能性が高い。

解答18 ②

解説 OJTは新入社員ごとに割り当てられた教育担当が、実際の業務活動を通じて、最低限身につける必要のあるルールやマナー、手順などを効率的に短期間で習得させる制度である。Off-JTは、実際の業務活動から離れ、教室などで行う研修であり、OJTでは身につけられない知識、たとえば、一見無駄に思えるような作業やプロセスを実施する理由や背景、および、業務活動に関わる各種の専門家による解説や説明を要する理論、あるいは、自社の今年の目標や事業戦略等を習得するのに役立つ。なお、社員の専門性のレベルを高めるための研修をOff-JTで行う場合もあるが、高度な専門性を獲得するためには、本人自らのやる気と努力に基づくSD（Self-Development）が最も高い効果を上げる可能性がある。

問題19 □□□ SD（Self-Development）は、いわゆる自己啓発であり、本人の自主性に委ねられた能力開発なので、会社としての制度化はできない。

① はい
② いいえ

解答19 ②

解説　SDは社員の自主性に委ねられた能力開発の方法であるが、企業としても従業員ごとに能力やスキルの向上に関する目標設定を上司との面談などを通じて行うとともに、その成果に対して何らかの褒賞が与えられれば、会社全体の能力開発プログラムとして制度化可能となる。SDを制度化し有効活用している会社では必ず、面談等を通じて当人に対する期待や評価を適切に伝えている。

Ⅳ コミュニケーション

問題20

「グループシンク（集団浅慮）」とは、グループとして1つの合意した結論を導こうとするときに発生する現象で、メンバーが十分に考え方などを表明していない段階で行われる意思決定のことである。このグループシンクが起こる要因として該当するグループの規範や傾向に該当するものは次のうちどれか。すべて選択せよ。

① 行き過ぎた楽観主義やリスク志向
② 敵対している集団や組織に対する偏見やステレオタイプ
③ 伝統的な組織文化を尊重する傾向
④ 倫理的に問題のある事柄を無視する傾向
⑤ 議論における沈黙を賛成とみなす傾向

問題21

グループによる「意思決定の質（ディシジョンクォリティ）」を高め、全グループメンバーの理解度や納得度を高めるために、全員が共有すべき認識は次のうちどれか。すべて選択せよ。

① 全員が意思決定者として参加しているという認識
② 最終的に下されるグループの意思決定に自らの意志に基づいて参加・協力するという認識
③ 常に自分の目で正しいことを見極め主張するという認識
④ 従業員モードでの意思決定ではなく経営者モードの意思決定を行うという認識

解答20 ①②④⑤
解説 グループシンクは、行き過ぎた偏見や都合のよい判断といった規範に基づいて起こってしまう場合が多いが、これを改善することは可能である。ただし、そのグループの文化や規範を変えていかなければならないので、強力なリーダーシップや相互理解が必要となる。

なお、たとえ不適切な規範や文化をもたないグループであっても、グループとしての一致団結度（凝集性）が極端に高かったり、外部情報から隔離されたりしている場合にも、グループシンクが発生することがある。したがって、グループシンクを起こさないためには、常にいろいろな情報に開かれた環境と適切なグループ内外でのコミュニケーションが必要となる。

解答21 ①②④
解説 ディシジョンクォリティを高めるためには、解答の3つの認識以外に、以下のような環境整備的な要素も必要となる。
- 意思決定のための思考枠組みの統一
- 有用性の高い情報の収集と共有と信頼性の確保
- 明確な価値判断基準の設定
- 創造的かつ実行可能な戦略代替案の作成

問題22

対人コミュニケーションの目的は「相手に正しく伝えたい内容を伝えること」と一般的に考えられているかもしれないが、組織行動のためのコミュニケーションとしては、「単に言葉で伝えるだけ」では不十分である。つまり、コミュニケーションと同時に相手への何らかの働きかけや効果を及ぼす必要がある。具体的に必要になる働きかけや効果は次のうちどれか。すべて選択せよ。

① 組織内、グループ内への適切な動機づけ
② 組織内、グループ内の健全な人間関係の維持
③ グループシンクの促進
④ グループシフトの拡大
⑤ 実現に困難が伴う目標の正しい理解

解答22 ①②⑤

解説　コミュニケーションを通じて「適切な動機づけ」や「健全な人間関係の維持」、「実現に困難が伴う目標の正しい理解」を実現するためのコミュニケーションを行うためには、相手の感情等を察知し、自分の感情状態を適切にコントロールしたうえで、適切なメッセージを発することが有効であり必要な場合が多い。

　このようなコミュニケーションの方法論の研究はTA（Transactional Analysis：交流分析）とよばれる行動心理学の分野で行われており、エーブ・ワグナーがTAをベースにして構築した方法論「BCB（Breaking Communication Barrier）」の有効性が高い。特にBCBは、コンパクトな理論として構築されており、比較的簡単に活用できるようになる。

問題23

BCBの理論の前提は、人は誰でも6つの自我を自身の内部に抱えているということである。自我とは意識や行動の主体を指す概念であり、エゴ（Ego）ともいう。人間がもつ自我を大きく分類すると、「親（P：Parent）」、「大人（A：Adult）」、「子供（C：Child）」の3つになる。さらに、親と子供の自我はそれぞれ2つ、3つに細分され、Aを含めて合計6つの自我となる。

P 批判的な親（CP：Critical Parent）
　養育的な親（NP：Nurturing Parent）
A 大人の自我（A：Adult）
C 自然な子供（NC：Natural Child）
　従順な子供（CC：Compliant Child）
　反抗的な子供（RC：Rebellious child）

上記したBCBの6つの自我の中で、効果的で建設的なコミュニケーションを可能にする自我（OKな自我）は次のうちどれか。すべて選択せよ。

① 批判的な親（CP）
② 養育的な親（NP）
③ 大人の自我（A）
④ 自然な子供（NC）
⑤ 従順な子供（CC）
⑥ 反抗的な子供（RC）

解答23 ②③④

解説 効果的で建設的なコミュニケーションを可能にする自我は「養育的な親（NP）」と「大人(A)」と「自然な子供（NC）」である。BCBの開発者エーブ・ワグナーはこの３つを"青の自我"と呼んだ。

「養育的な親（NP）」の自我は、"母性的な自我状態"ともいわれるが、"親"として相手を見守り、その言動を肯定する感情をもっている。決して相手を否定せず、命令もしない。したがって、相手に何かを頼む場合でも"命令"ではなく"依頼"する。たとえば、「…しろ」「…するな」ではなく「…してください」「…しないでください」となる。「NP」の自我の特徴は、発せられるメッセージの意味上の主語が、"コミュニケーションの相手"あるいは"コミュニケーションの対象者（彼、彼女と表現される方）"となる場合がほとんどである。

「大人(A)」の自我は、知性の自我であり、特別な感情をもたない。たとえば、講師が授業中、何かの理論を説明しているときなどが「A」の状態である。しかし、授業中でも受講者をリラックスさせるための冗談などをいっているときは、「A」の自我ではなく、後出の「自然な子供（NC）」になっている。「A」の自我の特徴は、客観的な事実や情報を相手に伝えようとする自我で、知性の自我でもある。人が「A」の自我状態にいるときには、怒りや歓び、悲しさといった"感情"を感じていない。そのため、「A」の自我から発せられるメッセージの意味上の主語は、コミュニケーションの相手や人間ではなく、"客観的な事実"の場合が多い。

「自然な子供（NC）」の自我では、子供本来の自由闊達な意見や希望・要望を表現しようとしている感情が優勢になっている。「＊＊＊を食べたい」「＊＊＊をしたい」「＊＊＊はしたくない」といった自然な感情が表現される。そのため、「NC」からのメッセージの意味上の主語は、多くの場合"自分自身"、つまり、私、僕、俺、…となる。

第３章・Ⅳ　コミュニケーション

問題24

BCBの6つの自我の中で、コミュニケーションを破壊的なものにしてしまう自我は次のうちどれか。すべて選択せよ。

① 批判的な親（CP）
② 養育的な親（NP）
③ 大人の自我（A）
④ 自然な子供（NC）
⑤ 従順な子供（CC）
⑥ 反抗的な子供（RC）

問題25

BCBや交流分析における表現「OKである」の意味は次のうちどれか。

① 私は了承／承諾したという意味。
② 対象（自分自身あるいは交流している相手）が自分にとって価値があり、貴重な存在であるという意味。

解答24　①⑤⑥

解説　「批判的な親（CP）」の自我は、相手に対して否定的な感情をもつ"親"の自我である。そのため、「…しろ」「…するな」「なんでそんなことができないんだ」といった類のメッセージが多くなり、相手の感情などを逆なでしてしまう。その結果、良好な結果が得られる可能性は低くなる。

「従順な子供（CC）」の自我は、親のような目上あるいは組織における上席者の指示や命令に意見や希望をいえず、従順に従ってしまう気弱な子供に特有の自我である。子供の自我なので、メッセージの意味上の主語は自分（私、僕、俺）になることが多いが、発言時の態度は自信なさげで、声も弱々しい。「CC」の自我状態にいる人は、たとえ年齢的に大人であったとしても、自分自身に対して否定的な感情をもっている。

「反抗的な子供（RC）」は前述の「従順な子供（CC）」における否定され抑圧された意識が高まってしまい、一線を越えてしまった自我である。つまり「CC」が極端に進んだ状態である。「RC」の自我状態に至ってしまうと、自分を否定し抑圧した人達に対して全面的な反抗を示すようになる。相手の発するメッセージの内容をまったく気にもかけず、相手の存在自体（全人格）を否定する。このような状態では、いうまでもなく、まともなコミュニケーションは成立しない。

解答25　②

解説　BCBや交流分析における表現として「OKである」というのは、対象者が価値ある存在であることを意味している。対象は自分自身の場合もあれば相手のこともある。また「OKな交流」や「OKでない交流」、「OKな自我」という表現もする。この場合も「OK」の意味自体は同じで、交流が建設的な価値や好ましい成果をもたらす交流や自我なのか、そうではない状態ないのかということである。

問題26

人間には、他者からの刺激やメッセージが、生きるために不可欠である。このような刺激やメッセージをBCBやTAでは「ストローク」というが、ストロークがまったく得られなくなると、人間は簡単に死んでしまうという研究結果もあるそうだ。以下のストロークで「OK」なストロークは次のうちどれか。すべて選択せよ。

① 相手の存在に対する肯定的なストローク
② 相手の行動に対する肯定的なストローク
③ 相手の行動に対する否定的なストローク
④ 相手の存在に対する否定的なストローク

問題27

人は、十分な「OK」ストロークが得られなくなると次のうちのどのような行動をとるか。

① 是が非でも行動に対する肯定的なストロークを得ようとする
② 自分の殻に引きこもり、ストロークなしの状態に耐える
③ 否定的なストロークを得るために、悪さを始める

問題28

「批判的な親（CP）」の自我の特徴（見極め方）に該当するものは次のうちどれか。すべて選択せよ。

① 「あなたはOKではない」と言葉や声の調子、身振り、姿勢などで表現している。
② 相手を指さしながら大声で批判的なことをいったり、顔をしかめたり、皮肉をいったりする。
③ 相手を否定するOKでないストロークを強調する。
④ 理由を示さずに「…をするな！」という禁止のメッセージを伝える。
⑤ 何の感情も示さずに淡々と否定的なことをいう。

解答26 ①②

解説 相手の存在に対する肯定的なストロークとは、相手の存在自体が「OK」、つまり価値があることを意味するストロークであり、具体的には、相手に対する気配りや配慮などのメッセージである。相手の存在自体が「OK」なのだから、相手は特別に何かをする必要はない。具体的には挨拶などが該当する。

相手の行動に対する肯定的なストロークとは、相手が仕事や作業を行った場合、結果がよければそれを褒めたり、失敗したとしても努力を認めたりするメッセージである。

相手の行動に対する否定的な（OKでない）ストロークとは、相手の活動が失敗したときにそれを軽蔑するような反応である。たとえば、「何でそんなこともできないの!?」

相手の存在に対する否定的なストロークは、"いじめ"に関するニュースで報じられるような、相手に対する破壊的なメッセージである。

解答27 ③

解説 人間は十分な「OK」ストロークが得られなくなると、「OKでない」否定的ストローク（「叱ってもらえる」というストローク）を得るために、悪さを始める。なぜなら、普通の人間にとって一番苦しい状態は、何のストロークも得られない状態だからである。つまり、「OKでない」ストロークであっても、何もないよりはましなのである。

解答28 ①②③④

解説 批判的な親（CP）の自我は、「…しなさい」のかわりに「…するな」を使い、皮肉をいい、人の悪い点を指摘し、それらを、誇張したり一般化する傾向がある。そして、客観的な事実ではなく否定的な意見をいう。

われわれが、批判的な親（CP）の自我状態にあるとき、声は大きく荒々しくなり、相手を指さす身振りが多くなる。つまり、人を上から目線で見下し、「すべきである」「すべきではない」「正しい」「間違っている」「良い」「悪い」「いつも」といった言葉をよく使う。

問題29
「養育的な親（NP）」の自我の特徴（見極め方）に該当するものは次のうちどれか。すべて選択せよ。

① 人の気持ちをよく理解し共感的である
② しっかりとした自分の考えを伝えるが、相手に心を配り、押しつけがましいことはしない
③ 肯定的なストロークを相手に与える
④ 問題の解決を考える
⑤ 「…するな（否定表現）」ではなく「…してください（肯定的な依頼表現）」のメッセージを伝える

問題30
「大人（A）」の自我の特徴（見極め方）に該当するものは次のうちどれか。すべて選択せよ。

① 論理的、合理的、理性的である。
② 注意深く、自己防衛的にふるまう。
③ 問題を解決する方法を考える
④ 感情、態度、意見の代わりに、事実に基づいて考える
⑤ いつ、どのように自己を適切に表現するか、を考える

問題31
「自然な子供（NC）」の自我の特徴（見極め方）に該当するものは次のうちどれか。すべて選択せよ。

① 自分の必要とするものや欲しいものを求める
② 論理的、合理的、理性的である
③ 自発的である
④ 怒り、悲しみ、歓び、恐れの感情を表現しない
⑤ 怒り、悲しみ、歓び、恐れの感情を表現する

解答29 ①②③⑤

解説 養育的な親（NP）の自我状態にいるときは、声の調子は静かで、物腰も穏やかで、気を配っている。相手に理解を示す言葉を使い、必要な場合にはきちんと相手の行動を制限する。ただし、「…するな」という否定的な表現ではなく、「…しなさい／…してください」という肯定的なメッセージを発する。

養育的な親（NP）の自我状態にいるときは、自分だけでなく、相手も肯定している（自分はOK、相手もOK）。

解答30 ①③④⑤

解説 大人(A)の自我は事実に関する情報の送り手であり、同時に受け手でもある。大人(A)の自我状態は時に抽象的で難しい言葉を使うこともあるが、普通は意見を述べるよりも事実を具体的に説明する。

大人(A)は誇張したり、過小評価することが少なく、正確な表現をすることが多い。大人はデータを蓄え、確率等を計算して情報を処理する。

実は、交流分析やBCBの主たる原理は、大人(A)の自我状態に自分の他の自我状態（親と子供）を管理させ、OKな3つの自我（養育的な親（NP）、自然な子供(NC)、および大人(A)）を多用することによって言動を適切化することである。

解答31 ①③⑤

解説 自然な子供（NC）は、人間固有な自我であり、自然で創造的な発想の源でもある。

人は自然な子供（NC）の自我状態にいるとき、自分自身について話す。自分の欲しいもの、必要とするものを相手に伝え、欲しいものを欲しいときに求める。自然な子供（NC）の自我状態にいる人は、その時点での感情で反応し、それを言葉や声の調子、表情などで表現する。声には感情がこもっている。

第3章・Ⅳ コミュニケーション

問題32

「従順な子供（CC）」の自我の特徴（見極め方）に該当するものは次のうちどれか。すべて選択せよ。

① 「私はOKではない」とひそかに、あるいは遠回しに他者に伝える
② 穏やか過ぎる声で、哀れっぽい話し方をし、相手と目を合わせない傾向がある
③ 注意深く自己防衛的にふるまう
④ 否定的なストロークを強調する
⑤ 本当の感情を隠す

問題33

「反抗的な子供（RC）」の自我の特徴（見極め方）に該当するものは次のうちどれか。すべて選択せよ。

① 「貴方の話は聞きたくない、提案には同意したくない、要望には応じたくない」という
② 状況にそぐわない過度に極端な怒り方をする
③ 否定的な態度をあからさまに、あるいは密かに表す
④ 本当の感情を隠す
⑤ いわれたことを意図的に忘れたふりをしたり、引き延ばしたり、違ったことをして相手を困らし、間接的に強く反抗する

解答32　①②③⑤
解説　従順な子供（CC）の自我状態にいる人は、「私はOKでない」ことを態度や行動で間接的に表明する。内面的には、傷ついたり、憂うつ、自責の念、あるいは混乱した感情を抱いたりする。また、行動や態度は「私はOKでない」ということは前述のとおりで、それは、声の調子や姿勢、身振り、態度、言葉（具体的には「やってはみるが…」「できない」「わからない」といった台詞等）で判別することができる。目を合わせるのを避ける場合も多く、ときにはもたもたした、自信なさげな話し方をする。

解答33　①②③⑤
解説　反抗的な子供（RC）の自我状態は、実の両親からの批判的な親（CP）によって顕在化してしまうことが多い。批判的な親（CP）から直接引き起こされる自我は従順な子供（CC）であるが、その際子供に十分な反抗をさせ、怒りの感情を体験させないと、当人は反抗的感情を破棄できなくなり、大人になっても残る反抗的な子供（RC）の自我が発現してしまう可能性がある。これを防ぐためには、子供時代の反抗期に十分な反抗をさせ、子供の反抗は親の愛情に適わないことを認識させなければならない。力づくで反抗を抑え込むと、当人は反抗の感情の無意味さを破棄することができなくなる。このようにして生じた反抗的な子供（RC）の自我を強めてしまうと、他者のアドバイスなどのメッセージに従うことが道理にかなっていることを理解できても、反抗すること自体を目的とするため、道理にかなった理解を拒否し、受け容れない。つまり、発言の内容を拒否しているのではなく、特定の相手の存在自体を拒否したり、否定したりしてしまうのである。反抗的な子供（RC）への唯一の対応方法は、自然な子供（NC）からのメッセージを粘り強く送って、相手の自然な子供（NC）を顕在化させることである。

問題34 「OKな自我」による建設的で好ましい結果をもたらすコミュニケーションのパターンは次のうちどれか。すべて選択せよ。

① CP⇔CP　（批判的な親　⇔　批判的な親）
② NP⇔NP　（養育的な親　⇔　養育的な親）
③ 　A ⇔ A 　（大人　　　⇔　大人）
④ NC⇔NC　（自然な子供　⇔　自然な子供）
⑤ RC⇔RC　（反抗的な子供⇔反抗的な子供）
⑥ CP⇔CC　（批判的な親　⇔　従順な子供）
⑦ CP⇔RC　（批判的な親　⇔　反抗的な子供）
⑧ NP⇔NC　（養育的な親　⇔　自然な子供）
⑨ NP⇔CC　（養育的な親　⇔　従順な子供）
⑩ NP⇔RC　（養育的な親　⇔　反抗的な子供）

解答34 ②③④⑧

解説 OKな自我による建設的で好ましい交流（OKな相補交流）は、次の4パターンである。逆にいえば、以下のパターンでの交流に持ち込むことができれば、効率的なOKの交流が実現できるのである。

- NP⇔NP（養育的な親⇔養育的な親）
- A ⇔ A （大人⇔大人）
- NC⇔NC（自然な子供⇔自然な子供）
- NP⇔NC（養育的な親⇔自然な子供）

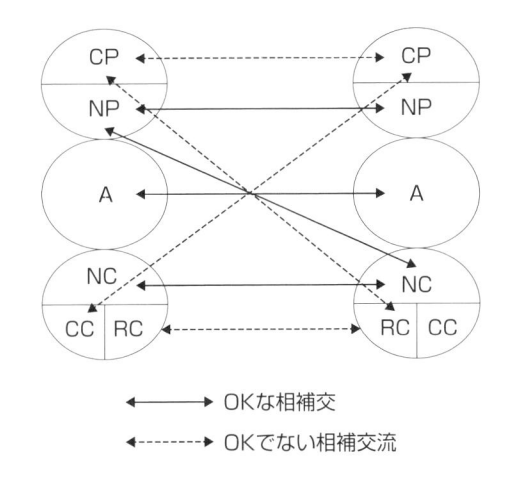

```
CP            CP
NP            NP
 A             A
NC            NC
CC RC        RC CC
```

⟵⟶ OKな相補交
◂------▸ OKでない相補交流

問題35

OKでない相補交流パターンは次のうちどれか。すべて選択せよ。

① ＣＰ⇔ＣＰ　（批判的な親　⇔　批判的な親）
② ＮＰ⇔ＮＰ　（養育的な親　⇔　養育的な親）
③ 　Ａ⇔Ａ　　（大人　　　　⇔　大人）
④ ＮＣ⇔ＮＣ　（自然な子供　⇔　自然な子供）
⑤ ＲＣ⇔ＲＣ　（反抗的な子供　⇔　反抗的な子供）
⑥ ＣＰ⇔ＣＣ　（批判的な親　⇔　従順な子供）
⑦ ＣＰ⇔ＲＣ　（批判的な親　⇔　反抗的な子供）
⑧ ＮＰ⇔ＮＣ　（養育的な親　⇔　自然な子供）
⑨ ＮＰ⇔ＣＣ　（養育的な親　⇔　従順な子供）
⑩ ＮＰ⇔ＲＣ　（養育的な親　⇔　反抗的な子供）

問題36

OKでない相補交流を脱するためには、相手の誘いに乗らず、こちらの誘いに引き込めばよい（これを交差交流という）。その際に発するメッセージは次のうちどれか。すべて選択せよ。

① NPからのメッセージ
② CPからのメッセージ
③ Aからのメッセージ
④ NCからのメッセージ
⑤ RCからのメッセージ

解答35 ①⑤⑥⑦

解説 OKでない相補交流（建設的な結果を導かない相補交流）は次の4パターンである。

- ＣＰ⇔ＣＰ（批判的な親⇔批判的な親）
- ＲＣ⇔ＲＣ（反抗的な子供⇔反抗的な子供）
- ＣＰ⇔ＣＣ（批判的な親⇔従順な子供）
- ＣＰ⇔ＲＣ（批判的な親⇔反抗的な子供）

OKでない相補交流は、話が一応かみ合うので、長く続く可能性もあるが、決して建設的な結果を導かない。

たとえば、CP⇔CC（批判的な親⇔従順な子供）のパターンは、批判的な親（CP）の人が、自分の意見をはっきりいえない従順な子供の自我（CC）の人を、ずっといろいろな言い方で批判しているというパターンである。

このような相補交流は徒労に終わる可能性が高いので、何らかの方法でこのパターンを崩さなければならない。その際、役に立つのが「交差交流」である。

解答36 ①③④

解説 OKな自我から発せられるメッセージには、相手をOKな相補交流に誘い込む力がある。絶対的な力ではないが、何度も繰り返せば、相手をOKな相補交流に誘い込むことができる。具体的にはAからのメッセージは相手のAを誘い、NPからのメッセージは相手のNCあるいはNPを誘い、NCからのメッセージは相手のNCを誘う。

NPからのメッセージがNCを誘うか、NPを誘うかは、NPからのメッセージの対象がその場にいる相手なのか、第三者なのかで変わる。対面している相手へのメッセージがNPからだされると相手のNCを誘うが、第三者へのメッセージであれば相手のNPを誘うことになる。

Ⅴ リーダーシップ

問題37

コッターは、リーダーシップとマネジメントシップは別物であり、それぞれの役割も異なるとしている。以下の中で、マネジメントシップの役割に該当するものは次のうちどれか。すべて選択せよ。

① 計画立案・予算策定
② 針路の設定
③ 人心の統合
④ 組織化・人材配置
⑤ コントロール・問題解決
⑥ 動機づけ・啓発

問題38

ファーカスとウェットローファーは、多くのCEOに関する調査・分析に基づいて、リーダーシップを発揮するためのアプローチには5つがあるとした。該当するものは次のうちどれか。すべて選択せよ。

① 戦略的アプローチ（未来重視）
② 人材型アプローチ（社員1人ひとりを重視）
③ BCB型アプローチ（コミュニケーションを重視）
④ 専門知識型アプローチ（専門知識の流布・浸透を重視）
⑤ ボックス型アプローチ（社内の経営資源や文化・制度を重視）
⑥ 変革型アプローチ（現状の変革）

解答37 ①④⑤

解説 コッターはリーダーシップとマネジメントシップは、いずれも同じ3つのミッションをもつとしている。具体的には、①課題の特定、②課題解決の達成を可能にする人的ネットワークの構築、③課題解決の実現である。

このミッションは、マネジャーとリーダーの双方に共通するミッションであるが、それぞれが果たすべき役割が異なるとしている。

マネジャーが果たすべき役割は、「計画立案・予算策定」「組織化・人材配置」および「コントロール・問題解決」である。一方リーダーが果たすべき役割は、「針路の設定」「人心の統合」および「動機づけ・啓発」である。

解答38 ①②④⑤⑥

解説 戦略型アプローチでは、将来まで続く長期的な戦略とその都度の短期戦略を立案し、戦略体系全体の有効性を確認し、準備を整えながら成功に導く。このアプローチを採用するためには、トップは社内の全部門にくまなく目を向けなければならない。

人材型アプローチは、戦略の策定は市場に近い事業部門の自発性などに委ね、最大の課題は社員の成長や能力開発を計画的に行おうとしている。

専門知識型アプローチは、特定領域の専門性を高め、自社固有の競争優位の源泉を確立するというものである。

ボックス型アプローチは、当該企業の文化や制度、人材を含めた既存の経営資源を総合的に一貫性を維持しながら活用することによって実現するというもので、外部から専門家や幹部を起用することはめったにない。

変革型アプローチは、社内のいろいろな制度を進化・発展させることによって新たな環境を生み出すことによって発展させようとしている。

問題39

EQ（心の知能指数）を提唱したゴールマンは多くの管理職を分析し、6つのリーダーシップ・スタイルを特定したが、そのうち、2つは組織に重大な経営危機が迫っている緊急事態において、有効性を発揮するスタイルである。それは次のうちどれか。すべて選択せよ。

① ビジョン型
② コーチ型
③ 関係重視型
④ 民主型
⑤ ペースセッター型
⑥ 強制型

解答39 ⑤⑥

解説 ゴールマンの見いだしたリーダーシップ・スタイルのうち、重大な経営危機が迫っている緊急事態に有効なスタイルは、ペースセッター型と、強制型である。

なお、平常時の活用できるリーダーシップ・スタイルは、ビジョン型、コーチ型、関係重視型、民主型の４つであり、多くの管理職者は、平常時と緊急時、あわせて６つのリーダーシップ・スタイル複数、使い分けているとのことである。そして、多くのリーダーシップ・スタイルを使いこなすために必要な能力として、"(他者に) 共感できる能力"と"自分の感情を自己認識する能力"の重要性と必要性を示している。

VI 組織としてのシステム

問題40 組織構造を設計する際には、幾つかの次元に基づいて検討が行われる。以下にそれらの次元を示しているが、この中で「仕事をどこまで細分化して職務とするか」という問題に関わる次元は次のうちどれか。

① 部門化
② 職務の専門化
③ 指揮命令系統
④ 管理の範囲
⑤ 分権化

問題41 官僚制の特徴として適切ではないものは次のうちどれか。

① 職能別の部門化
② 規則に基づく対応
③ 柔軟で自律的な対応
④ 指揮命令系統の明確化と遵守

問題42 職能別組織が適している企業は、次のうちどれか。

① 単一製品を作る小規模企業
② 少数の製品数を扱う企業
③ 多数の製品を作る大規模企業
④ 多数の製品を作る中規模企業

解答40 ②

解説 組織構造は、一般的に以下の6つに次元に基づいて設計されるべきとされている。
①部門化：どのような基準に基づいて部門を分けるか
②職務の専門化：ある仕事をどこまで細分化するか
③指揮命令系統：誰が誰に報告するか
④管理の範囲：ある管理者が何名の部下をもつか
⑤分権化：誰がどの程度の意思決定の権限をもつか
⑥公式化：どの程度の規則・ルールを設けるか

解答41 ③

解説 組織を効率的に運営するためには、最低限の官僚制的対応や制度（組織の階層性、職位に基づく権限範囲、恒常的な組織運営および職務遂行上の規則、適切な分業体制、上意下達の指揮命令系統など）が必要となる。しかし、官僚制が行き過ぎると、本来手段であった規則が目的化し、規則に縛られたり、部門間の対立が起こったり、情報の流れが阻害されたりする。したがって、環境の変化の激しい状況下では、柔軟な対応が求められるため官僚制の負の側面が顕著になってしまう。

解答42 ②

解説 少数の製品を作る企業では、職能別に部門化することで能率が向上したり、深い専門知識を蓄積したりすることができる。しかし、職能別組織では、財務等の最終業績に対する各部門の責任や貢献が不明確になりがちで、経営者に大きな負担がかかること等から、多数の製品をもつ企業では、規模に応じて、事業部制組織やカンパニー制組織、分社化、持ち株会社制といった組織構造への変更が必要となることが多い。

問題43

事業本部制組織の特徴として正しいものは次のうちどれか。

① 経営資源を複数の事業部門間で融通しあえる
② 事業部門ごとの業績に対する責任や貢献度が不明確になる
③ 本部直属のスタッフ部門の機能が発揮しやすい
④ 事業部門ごとの業績に対する責任や責任度が明確になる

解答43 ④

解説 事業本部制組織では、各事業部門ごとに損益計算書が内部的に作成されるため、業績に対する責任や貢献度が明確になる。したがって、どの事業部門（あるいは商品群）が好調でどれが不調かなどが把握しやすいため、環境の変化に素早く対応でき、経営者が広い視野にたって意思決定できるというメリットがある。

一方、事業部門ごとに委譲された権限が大きいため、多くの場合、事業部門間での経営資源の共用による活用などは、職能別組織に比べると巧く行かない場合が多い。さらに、本部に残されたスタッフ部門（たとえば、財務部門や人事部門など）のスタッフとしての機能は、各事業部門の事業の多様性などのために弱体化する傾向がある。このため、一定の規模以上の企業であれば、事業本部門制をさらに進めて、スタッフ部門も各事業部門に帰属させるカンパニー制や、完全に会社を分ける分社化、持ち株会社制に移行していくケースも多い。

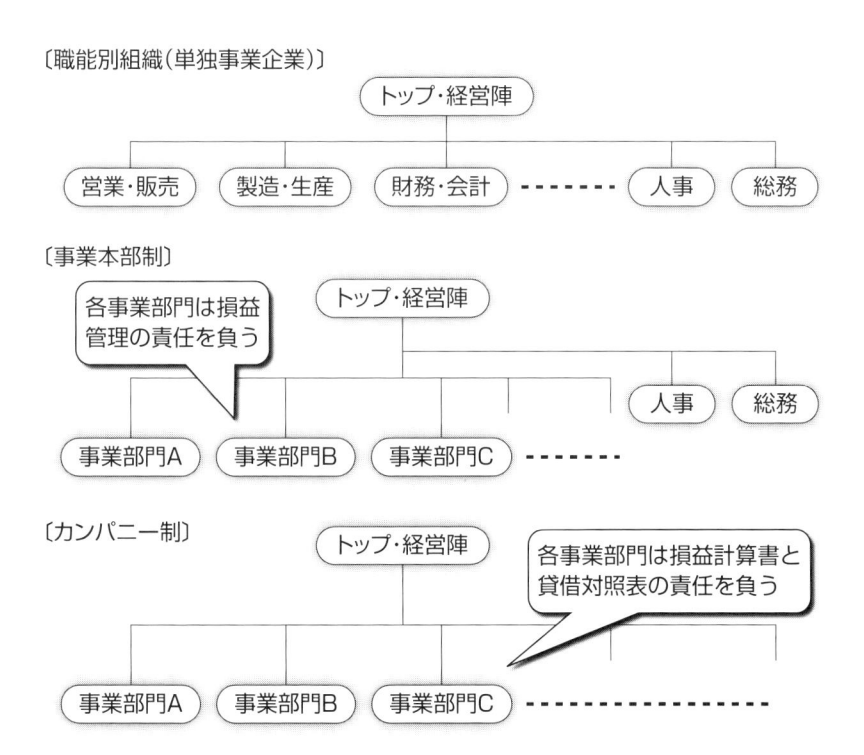

〔職能別組織（単独事業企業）〕

```
                 トップ・経営陣
    ┌──────┬──────┼──────┬──────┐
 営業・販売  製造・生産  財務・会計 ------ 人事    総務
```

〔事業本部制〕

各事業部門は損益管理の責任を負う

```
                 トップ・経営陣
    ┌──────┬──────┼──────┬──────┐
 事業部門A  事業部門B  事業部門C ------ 人事   総務
```

〔カンパニー制〕

各事業部門は損益計算書と貸借対照表の責任を負う

```
                 トップ・経営陣
    ┌──────┬──────┤
 事業部門A  事業部門B  事業部門C ------
```

問題44

職能別部門と製品別部門を組み合わせた組織デザインのタイプは次のうちどれか。

① 官僚制組織
② マトリックス組織
③ 事業部制組織
④ 単純組織

問題45

組織構造を決定する要因として、適切なものは次のうちどれか。すべて選択せよ。

① 従業員の男女比
② 規模
③ 業界・技術分野
④ 経営者の理念

問題46

「どのような組織が有効かは、組織の置かれた状況によって異なる」という考え方は次のうちどれか。

① ネットワーク理論
② デュアル・コア理論
③ ゴミ箱理論
④ コンティンジェンシー理論

解答44 ②
解説 マトリックス組織は、資源を複数の製品間で融通しあえるというメリットがあるものの、指揮命令系統が二重になり混乱が起きやすく、部門間の調整に時間がかかるため、適切に運営することが難しいといわれている。

解答45 ②③④
解説 「規模」が大きくなるにしたがい、官僚制の度合いは高まり、一般に「単純組織→職能別組織→事業本部制組織→カンパニー制組織」の順で変化する傾向にある。また、「業界や技術分野」が違うと、生産システムやサービス提供のシステムが異なるため、組織構造が大きく異なる場合も多い。「経営者の理念」の差異は、組織の分権化・集権化の程度に影響を及ぼす。なお、「従業員の男女比」に基づいて組織構造を決定するのは、一般的に適切性を欠くことになる。

解答46 ④
解説 市場が不安定で、技術革新のペースが速い環境では、部門やメンバーが柔軟なネットワークでつながった有機的な組織が有効であるのに対し、市場が安定している場合には、官僚的な機械的な組織が有効となるといわれている。このように組織構造に限らず、「最適な対応方策は状況によって異なる」という考え方で構築されている理論を一般的に「コンティンジェンシー理論（状況適応理論）」と呼ばれ、リーダーシップ論などにも考え方は応用されている。

問題47
組織文化の機能として、適切なものは次のうちどれか。すべて選択せよ。

① ある企業と別の企業の区別を可能にする
② メンバーの態度や行動を形成する
③ 社会システムとしての組織を安定させる
④ メンバーが多様な行動規範をもつことを促す

問題48
「強い組織文化」が意味しているものは次のうちどれか。

① 組織内で価値観が共有されている
② 組織内で価値観が共有されていない
③ 組織内の価値観が競争優位につながっている
④ 組織内の価値観が固定している

問題49
組織の人的資源管理の多くは、既存の組織文化を強化する働きをしている。新しいメンバーが、組織文化に適応するプロセスは次のうちどれか。

① 適応化
② 社会化
③ 統合化

問題50
以下に挙げたものは、組織文化がメンバーに伝えられる際の仕組みや手段である。ある企業の営業部門で行われている毎年恒例の最優秀営業担当の表彰式が該当するのは次のうちどれか。

① 物語
② 物的シンボル
③ 儀式

解答47 ①②③
解説 組織文化は、メンバー間に共有された価値や行動規範や価値基準であり、メンバーの考え方や行動に大きな影響を与える。なお、多くの組織文化には、部門、地域、階層によってサブカルチャー（下位文化）が存在することが多い。なお、組織文化はメンバーの多様な個性を常に否定するものではない。自由闊達で多様な行動規範や考え方を許容する文化であれば、自ずと従業員の個性は多様化され、個性の統一化を仮に経営者が試みると、大きな反発を招く可能性が高まる。

解答48 ①
解説 「組織内で、同じ価値観が強く保持され、広く共有されている」状態がみられるとき「強い組織文化」という。これに対し、組織内に中心的な価値観がみられず、部門によって価値観が異なる場合には、その組織文化は弱いといわざるを得ない。なお、強い組織文化は、その価値観が環境に適応しているときには強みとなるが、環境とズレてしまったときには、弱みとなる可能性も高い。

解答49 ②
解説 「採用方法、業績評価基準、報酬制度、人材育成制度」等の人的資源管理制度は、新しいメンバーの組織や企業への「社会化」を促進し、組織文化の強化に重要な役割を果たしている。

解答50 ③
解説 最優秀営業担当の表彰式は、その組織の文化を維持・強化するための「儀式」（セレモニー）である。なお「物語」は、組織文化の価値を体現するようなヒーローのエピソードであり、組織内で語り継がれる。「物的シンボル」の具体例としては、オフィスのレイアウト・装飾や従業員の服装が挙げられる。また、社内だけで通用する用語や言葉づかいといった固有の「言語」は、組織文化を確認するために有効である。

VII 組織変革

問題51
組織変革を支援するテクニックの総体のことを組織開発と呼ぶ。組織開発の英語での略語は次のうちどれか。

① OA
② OB
③ OC
④ OD

問題52
組織に介入して変革を促進する際には、次の3つのアプローチがあるといわれている。職務を再設計することで変革を進めるときのアプローチは次のうちどれか。

① 構造的アプローチ
② タスク・技術的アプローチ
③ 人間（個人）的アプローチ

問題53
レヴィンの変化の3段階モデルは、次の3つのプロセスから成る。ある企業で、変革が進められたが従業員は従来のやり方に固執し、変革に抵抗しているとする。この企業が留まっているプロセスは次のうちどれか。

① 解凍
② 変革
③ 再凍結

解答51 ④

解説 組織開発は、一般にOD（Organizational Development）と呼ばれる。組織開発は、民主的な価値観に基づいて実施される傾向にあり、一般的に、組織固有のさまざまな介入方法（たとえば、基本的考え方や理念・コンセプトの変更、組織の再編、各種研修制度や動機づけシステムの改定、評価基準の見直しなど）によって組織開発の手法は構成されている。

解答52 ②

解説 組織構造を再構築したり、新しい評価・報酬システムを導入することは「構造的アプローチ」である。「タスク・技術的アプローチ」は、職務の特性や構造、職務で使われる技術やツールを変革する。「人間（個人）的アプローチ」は、調査や教育を通してメンバーの態度や行動を変革することを意味する。

解答53 ①

解説 レヴィンは、達成すべき新たな水準を永続的に維持するためには「解凍」「変革」「再凍結」の3つの段階を、各企業の変革のプロセスの中に最初から仕込むことが必要であると述べている。つまり、メンバーが変革の必要性に気づき、変革への準備を整える段階が「解凍（unfreezing）」、目指すべき方向に向けて変革が進ませる段階が「変革（moving）」、そして、変革内容が組織内で定着させる段階が「再凍結（refreezing）」である。

メンバーが従来のやり方に固執しているということは「解凍」のプロセスが完了していない。まだ変革への準備が整っていないということである。

レヴィンの変革過程の図

解凍 → 変革 → 再凍結

出所：ロビンス, S.P.（高木晴夫監訳）『組織行動のマネジメント』ダイヤモンド社、1997、図17.2, p.394を一部修正のうえ引用。

問題54

柴田昌治（株式会社スコラ・コンサルタント）は、組織変革を成功させられるかどうかは、それぞれの組織や企業の体質にあると指摘している。

つまり、問題を先送りし、臭いものにふたをし、なるべく波風を立てない、といった組織の体質や風土は組織変革に対するあからさまな抵抗とはいわないまでも、決して変革を推進することはなく、組織変革を失敗に導くということである。

このような分析を踏まえて、柴田は組織変革のために最初に実施しなければならないとしているは次のうちどれか？

① 戦略、制度改革、業務改革の策定、マネジメント制度改革（種子まき）
② 仕組みを行動様式に定着（水・肥料）
③ 相談し合える関係づくり（土壌の耕し：経営への信頼アップ、仲間の信頼増）
④ 理念、ビジョン、方針の明確化（育成環境の整備）

解答54 ③

解説 柴田は自らの理論を以下のような氷山モデルで表現している。このモデルは、現象としてわれわれが目にすることができるのは、海の上に顔を出している部分だけであり、目にみえない海中部分には、その何倍もの課題が埋もれているということである。そして、風土・体質が組織改革を阻む最大の要因となっているというアナロジーである。

組織の改革を成功させる前提条件としての古い風土・体質の改革

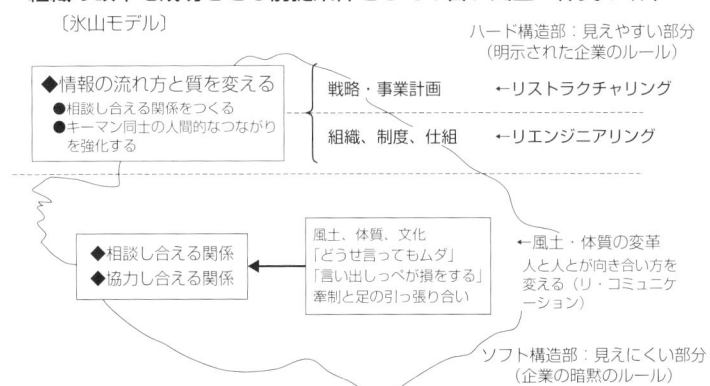

〔氷山モデル〕

```
                                    ハード構造部：見えやすい部分
                                    （明示された企業のルール）
◆情報の流れ方と質を変える          戦略・事業計画    ←リストラクチャリング
 ●相談し合える関係をつくる
 ●キーマン同士の人間的なつながり    組織、制度、仕組  ←リエンジニアリング
  を強化する
─────────────────────────────────────────────────────────
                    風土、体質、文化
 ◆相談し合える関係  「どうせ言ってもムダ」  ←風土・体質の変革
 ◆協力し合える関係  「言い出しっぺが損をする」  人と人とが向き合い方を
                    牽制と足の引っ張り合い    変える（リ・コミュニケーション）

                                    ソフト構造部：見えにくい部分
                                    （企業の暗黙のルール）
```

出所：柴田昌治『なんとか会社を変えてやろう〔実践ガイド：企業風土改革の進め方〕』日経ビジネス文庫、2004、図表7、P.38 を一部修正。

このような分析に基づいて柴田が構築した組織変革のプロセスは以下のとおりである。

組織変革のプロセス

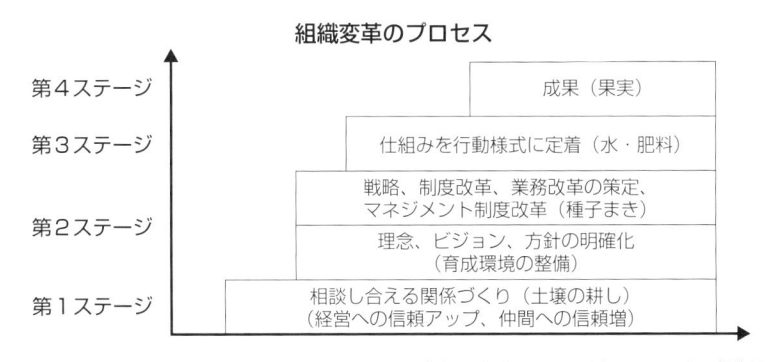

第4ステージ	成果（果実）
第3ステージ	仕組みを行動様式に定着（水・肥料）
第2ステージ	戦略、制度改革、業務改革の策定、マネジメント制度改革（種子まき）
	理念、ビジョン、方針の明確化（育成環境の整備）
第1ステージ	相談し合える関係づくり（土壌の耕し）（経営への信頼アップ、仲間への信頼増）

出所：柴田昌治『なんとか会社を変えてやろう』日経ビジネス文庫、2004、図表2.1、P.72を一部修正。

問題55

コッターは企業変革の事例研究を通じて、多くの企業の変革が完全な失敗ではないものの、（失敗とは呼ばないかもしれないが、実は）相当程度の失敗であることを発見し、その原因を以下の8つに特定した。

(1) 従業員の現状満足を容認する
(2) 変革推進のための連帯を築くことを怠る
(3) ビジョンの重要性を過小評価する
(4) 従業員にビジョンを周知徹底しない
(5) 新しいビジョンに立ちはだかる障害の発生を許してしまう
(6) 短期的な成果を上げることを怠る
(7) 早急に勝利を宣言する
(8) 変革を企業文化に定着させることを怠る

8つの原因を明らかにしたうえで、コッターは企業変革の8段階理論を構築したが、その第1段階として実施すべきものは次のうちどれか？

① ビジョンの策定
② 短期的成果を上げるための計画実施・実行
③ 緊急課題であるという認識の徹底
④ 新しいアプローチを根づかせる
⑤ 強力な推進チームの結成

解答55 ③

解説 コッターの変革の8段階の概略は以下のとおりである。

コッターの企業変革の8段階

第1段階　緊急課題であるという認識の徹底
- 市場分析を行い、競合状態を把握する。
- 現在の危機的状況、今後表面化し得る問題、大きなチャンスを認識し議論する。

第2段階　強力な推進チームの結成
- 変革プログラムを率いる力のあるグループを結成する。
- 信頼関係を醸成し、1つのチームとして活動するように促す。

第3段階　ビジョンの策定
- 変革プログラムの方向性を示すビジョンを策定する。
- 策定したビジョン実現のための戦略を立てる。

第4段階　ビジョンの伝達
- あらゆる手段を利用し、新しいビジョンや戦略を伝達する。
- 推進チームが手本となり新しい行動様式を伝授する。

第5段階　社員のビジョン実現へのサポート
- 変革に立ちはだかる障害物を排除する。
- ビジョンの根本を揺るがすような制度や組織を変更する。
- リスクをおそれず、伝統にとらわれない考え方や行動を奨励する。

第6段階　短期的成果を上げるための計画策定・実行
- 目にみえる業績改善計画を策定する。
- 改善を実現する。
- 改善に貢献した社員を表彰し、報奨を支給する。

第7段階　改善成果の定着とさらなる変革の実現
- 勝ち得た信頼を利用し、ビジョンに沿わない制度、組織、政策を改める。
- ビジョンを実現できる賛意を採用し、昇進させ、育成する。
- 新しいプロジェクト、テーマやメンバーにより改革プロセスを再活性化する。

第8段階　新しいアプローチを根付かせる
- 新しい行動様式と企業全体の成功の因果関係を明確にする。
- 新しいリーダーシップの育成と引継ぎの方法を確立する。

出所：ジョン・P・コッター著、黒田由貴子訳『リーダーシップ論』ダイヤモンド社、1999、図表4.1、P.167より。

第4章

会計・財務

　第4章では、「会計・財務」に関する問題を扱います。問題は、次の11のカテゴリーに分かれています。

- I　企業会計の概要
- II　貸借対照表と損益計算書
- III　キャッシュフロー計算書
- IV　企業集団の会計
- V　財務諸表分析
- VI　原価の測定
- VII　製品原価計算
- VIII　活動基準原価計算
- IX　CVP分析
- X　利益計画と予算管理
- XI　財務的意思決定

I 企業会計の概要

問題1 企業会計の役割として不適切なものは次のうちどれか。

① 会計責任
② 利害関係者の調整
③ 意思決定支援
④ 市場調査

問題2 会計情報が備えるべき特性として不適切なものは次のうちどれか。

① 不確実性
② 信頼性
③ 意思決定との関連性
④ 情報ニーズの充足

解答1 ④

解説 企業会計の役割は、(1)受託者が委託者に会計報告を行うことによって会計責任を解除すること、(2)財務諸表を開示することによって企業をめぐる利害関係者の利害を調整すること、(3)会計情報を提供することよって意思決定者をサポートすることである。

解答2 ①

解説 会計情報には意思決定有用性が求められる。意思決定有用性を保証するために、会計情報が備えるべき特性は、意思決定との関連性と信頼性である。意思決定との関連性は、情報価値の存在、情報ニーズの充足、信頼性は、表現の忠実性・中立性・検証可能性というそれぞれ3つの副次的な特性で説明される。

会計における意思決定有用性

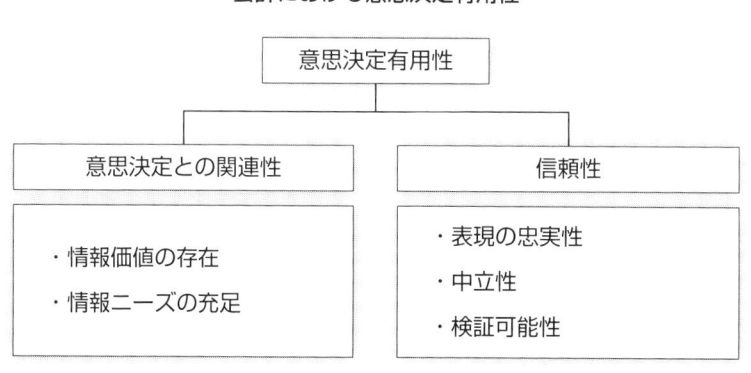

```
           意思決定有用性
           ┌──────┴──────┐
    意思決定との関連性        信頼性
    ・情報価値の存在       ・表現の忠実性
    ・情報ニーズの充足     ・中立性
                          ・検証可能性
```

問題3
企業会計を規制している法律として適切なものは次のうちどれか。

① 金融商品取引法
② 企業会計原則
③ 国際会計基準
④ GAAP

問題4
監査の結果、不適正意見が表明される場合として適切なものは次のうちどれか。

① 環境の変化によって、固定資産への投資の完全な回収が見込めなくなった場合
② 財務諸表が一般に公正妥当と認められた会計基準に準拠して、重要な点において正しく表示されていると認められた場合
③ 企業の財政状態が悪化し、改善の必要があると認められた場合
④ 財務諸表の表示方法が不適切で、全体として虚偽表示に当たると判断された場合

問題5
会計期間の説明として適切なものは次のうちどれか。

① 決算日の翌日から財務諸表が公開されるまでの期間
② 決算日の翌日から株主総会が開かれるまでの期間
③ 決算日の翌日から配当の支払が完了するまでの期間
④ 決算日の翌日から次の決算日までの期間

解答3 ①

解説 会計制度は、商法・会社法と金融商品取引法との2つの法体系によって規制されている。企業会計原則も会計制度の根幹をなす重要なルールであるが、これは実践規範であり、法律そのものではない。

解答4 ④

解説 監査とは、財務諸表の信頼性を確保するために、財務諸表が企業の経営成績と財政状態を適正に表示しているかどうかについて意見を表明するものであり、財務諸表が示す企業の実態についての評価とは無関係である。監査の結果、財務諸表が適正に表示されていると認められる場合は、無限定適正意見が表明され、全体として虚偽表示にあたると認められた場合に、不適正意見が表明される。

解答5 ④

解説 企業会計では、解散を前提としない継続企業の経営成績や財政状態の測定を行うために、人為的に期間を区切って財務諸表を作成する。この人為的に区切られた期間を会計期間と呼ぶ。

問題6 決算整理の説明として適切なものは次のうちどれか。

① 取引発生順に記録された仕訳帳のデータを設定された勘定に写しかえること
② 元帳のすべての勘定の金額を一表に集計して記録手続の正確性を検証すること
③ 期中では勘定に反映されない経済的事実を決算時に取引として認識すること
④ 不要と判断した資産を簿価を下回る価格で売却すること

解答6 ③

解説 財務諸表は、期中取引を発生順に記録した仕訳帳のデータを、元帳が管理する勘定に転記し、その結果計算された各勘定の残高に基づいて作成される。しかし、元帳の各勘定科目の残高は、決算日における経済的事実を必ずしも正確に反映しているわけではないため、調整を行う。この調整を決算整理という。

財務諸表の作成プロセス

取引の識別 →仕訳→ 仕訳帳 →転記→ 元帳 → 試算表 → 決算整理 → 財務諸表

II 貸借対照表と損益計算書

問題7 貸借対照表の説明として適切なものは次のうちどれか。

① 取引相手ごとの売上債権、仕入債務を管理するための計算書
② 決算日における企業の資産、負債および純資産の有高を示した計算書
③ 一会計期間における企業の経営成績を表した計算書
④ 決算日における企業の貸付金、借入金の残高を一覧表示したもの

問題8 資産の区分に正常営業循環基準を適用する説明として適切なものは次のうちどれか。

① 決算日の翌日から1年以内に現金化または費用化される資産を流動資産に区分する
② 棚卸資産の取得原価と正味売却価額を比較し、低い方を貸借対照表価額とする。
③ 企業の本来の営業サイクルの中で生じる資産を流動資産に区分する
④ 本来費用として処理されるものを、支出の効果が将来に期待できるため、その支出額を資産として繰り延べる

問題9 以下のうち固定資産に区分されないものは次のうちどれか。

① 製造業における工場の建物
② 不動産業において販売目的で所有する不動産
③ 売却する予定のない関連会社の株式
④ 経済的な便益をもたらす法律上の権利

解答7 ②

解説 貸借対照表は、ある時点における企業の財政状態を示す計算書である。財政状態とは、企業の資金調達の源泉と資金運用の形態をいい、貸借対照表は、決算日における企業のすべての資産、負債、純資産を一覧表示することによってこれを表している。他方、損益計算書は、企業の経営成績を表す計算書で、一会計期間に属するすべての収益とこれに対応する費用が対照表示される。

解答8 ③

解説 正常営業循環基準とは、企業本来の営業プロセスである現金から棚卸資産、売上債権を経て、現金が回収されるまでのサイクルの中にある資産、負債を、それぞれ流動資産、流動負債に区分する基準である。

解答9 ②

解説 固定資産は、企業が営業活動を行うにあたって、長期にわたって利用することを目的として所有する資産、および現金化が決算日から1年を超える資産である。したがって、決算日の翌日から1年以内に現金化される資産は、1年基準の適用によって流動資産に区分される。設問において①は有形固定資産、③は投資その他、④は無形固定資産で、それぞれ固定資産の項目である。対して、②は流動資産の棚卸資産の項目に分類される。

問題10 取得原価基準による資産評価の説明として適切なものは次のうちどれか。

① 当該資産の取得にあたって支出した金額をベースにして評価する
② 当該資産がもたらす将来キャッシュフローの現在価値によって評価する
③ 決算日において同一の資産を取得するのに要する金額をベースにして評価する
④ 決算日において当該資産を売却した場合に得られる金額をベースにして評価する

問題11 減価償却の対象となるものは次のうちどれか。

① 営業活動上、長期にわたって所有する土地
② 販売目的で所有する商品
③ 営業活動上、長期にわたって所有する機械設備
④ 自社で利用するために製造中の製造機械

問題12 負債性引当金の説明として適切なものは次のうちどれか。

① 当期以前の事象によって将来発生すると考えられる費用または損失の合理的な見積
② 特定の負債を償還するために企業内部に留保された現金および現金同等物
③ 法律上支払う必要のあることが規定された債務
④ 貸倒れリスクを加味した上での債権の評価額

解答10 ①

解説 取得原価基準では、資産の取得にあたって実際に支出した金額をベースにして資産の評価を行う。他方、時価基準による資産評価では、(1)将来キャッシュフローの現在価値、(2)購入市場の時価、(3)売却市場の時価等が用いられる。

解答11 ③

解説 減価償却とは、使用ないし時間の経過に伴って価値が低下する有形固定資産について、適切な期間損益計算を行うために、当該資産の取得原価から残存価額を控除した差額を耐用年数にわたって費用として配分する手続である。土地は有形固定資産であるが、その性質上、時間の経過や使用することによって価値が低下するものではないため、減価償却の対象とはならない。また、建設仮勘定も、建設が完了するまでの間は、減価償却の対象とはならない。

解答12 ①

解説 負債性引当金は、期間損益計算を行うにあたって決算で計上される特殊な負債である。この引当金の設定要件は、(1)将来の特定の費用または損失であること、(2)その発生が当期以前の事象に起因していること、(3)発生の可能性が高いこと、(4)その金額を合理的に見積もることができること、である。負債性引当金の設定によって留保される資産は現金や現金同等物の形態をとる必要はない。負債性引当金と法律上の債務はまったくの別物である。また、貸倒引当金は、評価性引当金に区分される。

問題13 営業利益の説明として適切なものは次のうちどれか。

① 売上高から売上原価を差し引いて計算される利益
② 売上高から変動費を差し引いて計算される利益
③ 売上高から売上原価、販売費および一般管理費を差し引いて計算される利益
④ 売上高から変動費と管理可能固定費を差し引いて計算される利益

問題14 発生主義の説明として適当なものは次のうちどれか。

① 財貨・サービスに対する支払を行ったときに費用を認識し、販売という客観的事実が生じたときに収益を認識する
② 財貨・サービスを消費したときに費用を認識し、販売という客観的事実が生じたときに収益を認識する
③ 財貨・サービスを消費したときに費用を認識し、販売による対価としての現金収入があったときに収益を認識する
④ 財貨・サービスに対する支払を行ったときに費用を認識し、販売による対価としての現金収入があったときに収益を認識する

問題15 減価償却の手法として不適切なものは次のうちどれか。

① 定額法
② 定率法
③ 生産高比例法
④ 低価法

解答13 ③

解説 損益計算書では、多段階にわたって利益が計算される。営業利益は、企業の本業が稼ぎ出した利益であり、売上高から売上原価、販売費および一般管理費を差し引いて計算される。

解答14 ②

解説 収益・費用の認識基準には、現金主義と発生主義との2つがある。現金主義は、現金収入があったときに収益を認識し、現金支出があったときに費用を認識する基準である。他方、発生主義は、収益と費用の対応関係を重視し、収益や費用が発生したことを意味する経済的な事実の発生時点で収益・費用の計上を行う基準である。発生主義のもとでは、現金収支の時点とは無関係に、企業活動において財貨・サービスを消費したときに費用が認識され、販売という客観的事実が生じたときに収益が認識される。

解答15 ④

解説 減価償却は、使用ないし時間の経過によって価値が低下する有形固定資産を対象として行われる。他方、低価法は、棚卸資産の期末評価を行うにあたっての方法の1つで、期末の時価と帳簿価額を比較して、低い方で棚卸資産を評価するものである。

III キャッシュフロー計算書

問題16
会計利益とキャッシュフローの相違をもたらす原因として不適切なものは次のうちどれか。

① 現金売上の計上
② 減価償却費の計上
③ 負債性引当金の計上
④ 実現主義による収益の認識

問題17
キャッシュフロー計算書の役割として不適切なものは次のうちどれか。

① 当期純利益と現金残高の増減の関係を説明する
② 企業の純資産の期中変動を明らかにする
③ 企業の現金を生み出す能力を判断する
④ 企業の財務活動のバランスを判断する

問題18
キャッシュフロー計算書で投資活動によるキャッシュフローに区分されるものは次のうちどれか。

① 固定資産の売却収入
② 減価償却費
③ 長期借入による収入
④ 運転資本の増加

解答16 ①

解説 今日において、会計利益は、現金収支の時点とは関係なく、収益・費用が発生したとみなされる経済的事実に基づいて計算される。このように発生主義を採用しているため、計算された会計利益と現実のキャッシュフローの間には相違が生じる。ここで、減価償却費、負債性引当金は、経済的事実に基づいて費用を計上しようとするものであり、実現主義は、経済的事実に基づいて収益を認識しようとする基準である。

解答17 ②

解説 キャッシュフロー計算書には、主として、発生主義によって計算された利益の資金的な裏づけを示すこと、企業の資金繰りに関する判断をサポートすること、といった役割が期待される。純資産の期中変動を明らかにすることが求められている計算書は、株主資本等変動計算書である。

解答18 ①

解説 キャッシュフロー計算書において、キャッシュフローは、企業活動の種類の観点から、営業活動によるキャッシュフロー、投資活動によるキャッシュフロー、財務活動によるキャッシュフローに区分されて表示される。営業活動によるキャッシュフローは、企業が主として営む事業に関連する活動によってもたらされるものに、受取利息、受取配当金、支払利息、法人税の支払等の調整（なお、受取利息、受取配当金、支払利息については、営業活動によるキャッシュフロー区分に表示しない方法もある）を行ったものである。投資活動によるキャッシュフローは、企業が調達した資金を各種資産に投下・回収することによってもたらされるものである。これには、企業が余剰資金を本業とは関係のない資産に投下・回収することも含まれる。財務活動によるキャッシュフローは、資金の調達と返済によってもたらされるものである。

問題19

営業活動によるキャッシュフローを間接法によって表示する場合の説明として適切なものは次のうちどれか。

① 税金等調整前当期純利益から出発し、貸借対照表項目の増加（減少）額を減算（加算）して計算を行う
② 流動資産の取得と売却に関するキャッシュフローを対照して計算を行う
③ 固定資産の取得と売却に関するキャッシュフローを対照して計算を行う
④ 損益計算書の項目に、関連する貸借対照表の増減項目を振り替えて計算を行う

解答19 ①

解説 営業活動によるキャッシュフローの作成・表示方法としては、直接法と間接法の2つが認められている。直接法は、損益計算書の項目に、関連する貸借対照表の増減項目を振り替えることによって営業活動によるキャッシュフローを求める。他方、間接法は、税金等調整前当期純利益に、貸借対照表項目の増加（減少）額を減算（加算）することによって営業活動によるキャッシュフローを求める。このため、間接法では、当期純利益とキャッシュフローの関係を明示することができる。

IV 企業集団の会計

問題20

以下の状況で、連結子会社を適切に選んでいるものは次のうちどれか。

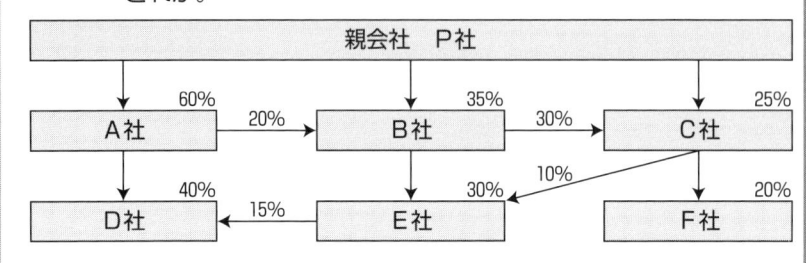

```
                    親会社　P社
         60%              35%              25%
       A社 ──20%──→ B社 ──30%──→ C社
        │               │     ←10%─    │
        │40%      30%↓                 │20%
       D社 ←──15%── E社              F社
```

状況 (1) 各社の株式の所有状況は、上図のとおりである。
(2) D社では、P社とB社の役員が取締役員の過半数を占めている。
(3) 上記各社において、支配従属関係が認められない会社ないし支配が一時的と認められる会社は存在しない。

① A、B
② A、B、C
③ A、B、C、D
④ A、B、C、D、E

解答20 ③

解説 ある企業が連結の範囲に含められるかどうかは、その企業と親会社の間に支配従属関係が存在するかどうかによって決まる。支配従属関係を判断する基準としては、支配力基準が用いられる。ここで支配とは、他の会社の意思決定機関を支配していることをいう。以下の場合において、明確な反証がないかぎり、支配が存在すると判断される。

(1) 親会社が議決権の過半数を実質的に所有している場合。
(2) 親会社の議決権の所有割合が40％以上50％以下であり、かつ次のいずれかに該当する場合。
 (2-1) 親会社との緊密な関係から親会社と同一内容の議決権行使を行う株主の所有する議決権と親会社の議決権を合わせると過半数に到達する場合。
 (2-2) 親会社の役員や従業員、また過去にそうであった者が、取締役会の構成員の過半数を占めている場合。
 (2-3) 重要な財務および事業の方針決定を支配する契約等が存在する場合。
 (2-4) 負債による資金調達の過半を、親会社とその密接な関係者が融資（債務保証、担保提供を含む）している場合。
 (2-5) その他、意思決定機関の支配が推測される事実が存在する場合。
(3) 親会社の議決権所有割合が40％未満であっても、親会社と同一内容の議決権行使を行う協力株主の所有分を合わせれば過半数に達し、かつ上記(2-2)から(2-5)のいずれかに該当する場合。

 支配力基準によって判断された子会社は、原則としてすべて連結の範囲に含められるが、以下のような子会社は連結の範囲から除外される。
(1) 親会社による支配が一時的であると認められる会社。
(2) 前記以外の会社であって、連結することにより利害関係者の判断を著しく誤らせるおそれのある会社。

問題21

以下のうち、連結財務諸表に求められるセグメント情報の開示の説明として不適切なものは次のうちどれか。

① 各セグメントに配分された資産の総額についての情報
② 各セグメントが利用した原材料の産地についての情報
③ 各セグメントで発生した営業費用についての情報
④ 経営者が意思決定に利用している組織区分ごとの売上高についての情報

解答21 ②

解説 従来、連結財務諸表では、セグメント情報として有価証券報告書に「事業の種類別セグメント情報」、「所在地別セグメント情報」、「海外売上高」を開示することが求められていた。なお、平成22年４月１日以降に開始する事業年度からは、「マネジメント・アプローチ」によるセグメント情報の開示が求められている。これは、経営者（企業の最高意思決定機関）の意思決定や業績評価に使用されている区分に基づいて、セグメント情報を開示しようとするものである。

問題22

以下の状況で、S社の支配獲得日におけるのれんの計上額として適切なものは次のうちどれか。

(1) 当期（X1年4月1日からX2年3月31日まで）のP社（親会社）とS社（子会社）の個別財務諸表は以下のとおりである。

P社貸借対照表

諸資産	3,000	諸負債	1,350
関係会社売掛金	300	資本金	3,200
商品	1,400		
		利益剰余金	1,770
S社株式	1,600		

S社貸借対照表

諸資産	1,900	諸負債	380
		関係会社買掛金	300
商品	200	資本金	1,100
		利益剰余金	320

P社損益計算書

売上原価	4,500	売上高	5,000
諸費用	980	関係会社売上高	2,000
役員賞与	90	受取配当金	80
当期純利益	1,510		

S社損益計算書

売上原価	1,800	売上高	2,350
諸費用	300		
役員賞与	30		
当期純利益	220		

P社株主資本等変動計算書

配当金	410	剰余金期首残高	650
剰余金期末残高	1,750	当期純利益	1,510

S社株主資本等変動計算書

配当金	100	剰余金期首残高	200
剰余金期末残高	320	当期純利益	220

(2) X1年3月31日に、P社はS社の株式の80%を1,600で取得した。
(3) X1年3月31日のS社純資産の部は、資本金1,100、利益剰余金200であった。
(4) 支配獲得日におけるS社の土地評価額は、簿価100、時価150であった。S社のその他の資産・負債に関する時価評価額は、すべて簿価に等しかった。
(5) 資本連結には、全面時価評価法を適用する。
(6) のれんは、当期末より5年間で均等償却する。
(7) P社売掛金のうち、300はS社に対するものである。
(8) P社は当期からはじめてS社に販売を行い（売上総利益率20%）、その取引高等は以下のとおりである。P社売上高2,000、S社期末棚卸高200（すべてP社からの仕入）
(9) P社の受取配当金80は、S社から当期に受け取ったものである。

① 20　② 140　③ 520　④ 1,420

解答22 ③

解説 親会社が、子会社の純資産の時価評価額を上回る価額で子会社株式を取得した場合、支配獲得日において親会社の投資勘定と子会社の純資産を相殺消去するにあたって、両者の金額は一致しなくなる。このような消去差額は、親会社が子会社の超過収益力を考慮に入れて株式を取得したために生じるものと考えられ、のれんという名称で貸借対照表に表示される。

問題23 少数株主持分の説明として適切なものは次のうちどれか。

① 親会社が子会社株式を100%所有していない場合に認識される子会社の外部株主の持分
② 親会社株式のうち、親会社の経営に参画していないと認識される株主の持分
③ 親会社が所有する持分法が適用される非連結子会社および関連会社についての持分
④ 子会社が所有している親会社株式

解答23 ①

解説 少数株主とは、親会社が子会社株式の100％を所有していない場合における親会社以外の子会社の株主である。少数株主が存在する場合、子会社の純資産は、親会社と少数株主の持株比率に基づいて、親会社に帰属する部分と少数株主に帰属する部分とに区分できる。連結決算を行うにあたって、親会社に帰属する部分は親会社の投資勘定と相殺消去される。他方、少数株主に帰属する部分は、少数株主持分として、連結貸借対照表の純資産の部に、株主資本とは区別して表示されることになる。

V 財務諸表分析

問題24

X1年4月1日からX2年3月31日までのA社の財務データが以下のとおりであるとき、A社のROAとして適切なものはどれか。

貸借対照表データ		損益計算書データ	
総資産	600	売上高	600
純資産	150	売上原価	300
		売上総利益	300
		経常利益	60

① 100%　② 50%　③ 40%　④ 10%

問題25

X1年3月31日におけるB社の財務データが以下のとおりであるとき、B社の流動比率として適切なものはどれか。

流動資産	400	流動負債	500
固定資産	600	固定負債	300
		純資産	200

① 40%　② 66.7%　③ 80%　④ 125%

問題26

X1年3月31日におけるC社の財務データが以下のとおりであるとき、C社の固定比率として適切なものはどれか。

流動資産	400	流動負債	500
固定資産	600	固定負債	300
		純資産	200

① 60%　② 150%　③ 200%　④ 300%

解答24 ④

解説 収益性とは、投下した資本に対してどれだけ利益を獲得できたかを示すものである。ここで、組み合わされる資本と利益は、財務指標によって何をみたいのかに応じて選択される。ROA（Return on Assets）は、総資産（総資本）がどれだけ効率的に活用されているかを示す収益性指標で、(1)事業利益（営業利益に金融収益を加えた利益概念）を総資産で除したものか、(2)経常利益を総資産で除したものを用いることが多い。

解答25 ③

解説 流動負債は、負債のうち、企業が1年（または正常営業循環）以内に返済すべきものを区分したものである。この流動負債に対する流動資産の比率は、企業の短期的な債務返済能力を示す。

解答26 ④

解説 工場・設備といった固定資産の取得は、資本を長期にわたって拘束することを意味する。このような固定資産の取得に要する資本は、長期的な源泉から調達することが望ましい。固定比率は、固定資産を株主資本で除したもので、企業の長期的な安全性を表す財務指標である。

Ⅵ 原価の測定

問題27 総原価、製造原価、販売費・一般管理費の関係を表すことができる式は次のうちどれか。

① 総原価＝製造原価－販売費・一般管理費
② 総原価＋製造原価＝販売費・一般管理費
③ 総原価＝製造原価＋販売費・一般管理費
④ 総原価＋販売費・一般管理費＝製造原価

問題28 固定費の総額がもつ性質は次のうちどれか。

① 営業量が2倍になると、2倍になる。
② 営業量が2倍になると、半分になる。
③ 営業量が2倍になっても、変わらない。
④ 営業量が2倍になると、2倍になる場合と半分になる場合がある。

解答27 ③

解説 総原価の構成は、管理会計、特に価格を設定するうえでの重要な概念である。販売価格は製造原価と販売費・一般管理費の合計たる総原価を超えていなければ、利益を獲得することはできない。なお、販売費・一般管理費を各製品に集計することは困難を伴うので、財務会計では製造原価のみを製品に集計する。

原価、価格、利益の関係

		営業利益	
販売費・一般管理費	総 原 価		販売価格
製 造 原 価			

解答28 ③

解説 固定費の定義についての問題であるが、総額での定義であることに注意せよ。単位当たりでは、固定費は営業量の増加に応じて減少する。なお、営業量の具体的な単位としては、売上高、製造・販売数量、直接作業時間などが用いられる。

固定費と営業量の関係

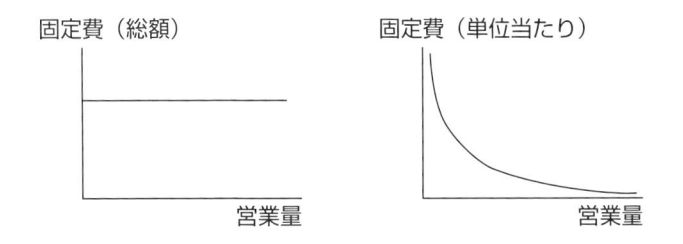

なお、固定費概念が意味をもつのは正常操業圏に営業量がある場合である。正常操業圏とは、企業の営業活動として、正常な状態での営業量のことである。上のグラフでは、営業量の低い範囲と高い範囲は正常操業圏には含まれない。

問題29

変動費の総額がもつ性質は次のうちどれか。

① 営業量が2倍になると、2倍になる。
② 営業量が2倍になると、半分になる。
③ 営業量が2倍になっても、変わらない。
④ 営業量が2倍になると、2倍になる場合と半分になる場合がある。

問題30

原価を固定費と変動費に分解する方法について、あるべき原価ではなく、過去の原価に基づく方法は次のうちどれか。

① 高低点法
② 科目別精査法
③ スキャッターチャート法
④ 回帰分析法
⑤ 上のすべての方法

解答29　①

解説　変動費の定義についての問題であり、総額での定義であることに注意せよ。単位当たりの変動費は営業量の増加に対して一定である。

変動費と営業量の関係

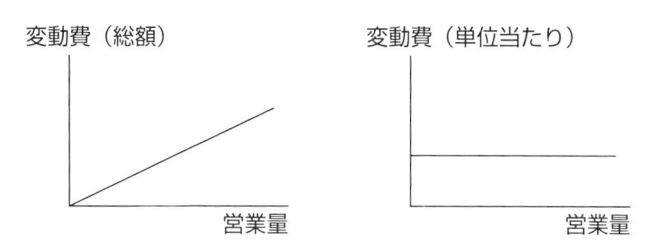

変動費（総額）　　　　　　変動費（単位当たり）

営業量　　　　　　　　　　営業量

解答30　⑤

解説　高低点法は、過去の原価と営業量の組み合わせのうち、最も高い点、つまり最も多い営業量と最も高い原価の組み合わせと最も低い点、つまり最も少ない営業量と最も低い原価の組み合わせの2点を通る直線の式を求め、固定費と変動費率を求める方法である。費目別精査法は、勘定科目ごとに過去の経験も活かして変動費あるいは固定費に分解する方法である。なお、企業の経験によってはそうではないこともあり得るが、多くの企業では直接材料費を変動費として考えてよいであろう。スキャッターチャート法は、過去の原価と営業量の組み合わせをグラフにプロットし、それらの点の真ん中を通る直線を目分量で引き、固定費と変動費率を読み取る方法である。回帰分析法は、過去の原価と営業量の組み合わせから最小自乗法により回帰直線を計算する方法である。いずれの方法もあるべき原価ではなく、過去の原価を平均したものになる。あるべき原価を決定する方法には、時間研究や動作研究から発展したIE（Industrial Engineering）法がある。

VII 製品原価計算

問題31
製品原価計算において基礎となる原価の分類は次のうちどれか。

① 管理可能費と管理不能費
② 直接費と間接費
③ 変動費と固定費
④ アクティビティ・コストとキャパシティ・コスト

問題32
直接費の定義として適切なものは次のうちどれか。

① 管理者がその発生額に相当な影響力をもっている原価
② 製品に直接的に発生が認識できる原価
③ 営業量の増加に応じて変動する原価
④ 業務活動の準備ではなく実行によって発生する原価

問題33
間接費の定義として適切なものは次のうちどれか。

① 他の代替案を断念したことによって逸失する最大の利益
② 製品に直接的には発生が認識できない原価
③ 過去の意思決定によってその発生が余儀なくされた原価
④ 特定の製品のみならず、他の生産物が付随して生産されてしまう資源の消費額

解答31 ②

解説 製品原価計算において原価は、その製品の製造に対して資源の消費が直接的か否かによって直接費と間接費とに区分される。一方、変動費と固定費は、短期利益計画や予算において適切な原価分類方法である。管理可能費と管理不能費は、責任会計において適切な原価分類方法である。アクティビティ・コストは変動費の別名であり、キャパシティ・コストは固定費の別名である。

解答32 ②

解説 ①は管理可能原価、③は変動費、④はアクティビティ・コストの定義である。なお、直接費は製品に直課する。

『原価計算基準』における直接費の分類を示すと、次のとおりである。

直接費の内容

直接費	直接材料費	主要材料費（原料費）、買入部品費
	直接労務費	直接賃金（必要ある場合には作業種類別に細分する）
	直接経費	外注加工費

解答33 ②

解説 ①は機会原価、③は埋没原価、④は連結原価の定義である。なお、間接費は適切な基準に基づいて各製品に配賦しなければならない。

『原価計算基準』における間接費の分類を示すと、次のとおりである。

間接費の内容

間接費	間接材料費	補助材料費、工場消耗品費、消耗工具器具備品費
	間接労務費	間接作業賃金、間接工賃金、手待賃金、休業賃金、給料、従業員賞与手当、退職給与引当金繰入額、福利費（健康保険料負担額等）
	間接経費	福利施設負担額、厚生費、減価償却費、賃借料、保険料、修繕料、電力料、ガス代、水道料、租税公課、旅費交通費、通信費、保管料、棚卸減耗費、雑費

問題34
顧客から注文を受けてから製造を行う企業に適した原価計算方法は次のうちどれか。

① 単純総合原価計算
② 組別総合原価計算
③ 等級別総合原価計算
④ 個別原価計算

解答34 ④

解説 組別総合原価計算は、同じ工程で異種の標準製品を量産する工場に適用される方法である。等級別総合原価計算は、同一工程で同種製品を量産するが、それらの製品を大きさ、形状、品位などによって等級に区別できる場合に適用される総合原価計算である。単純総合原価計算は、たった1種類の製品を単一の工程で量産する工場に適した製品原価計算である。製品別原価計算の類型は次のように図解できる（廣本、2008、p. 174）。

製品別原価計算の種類

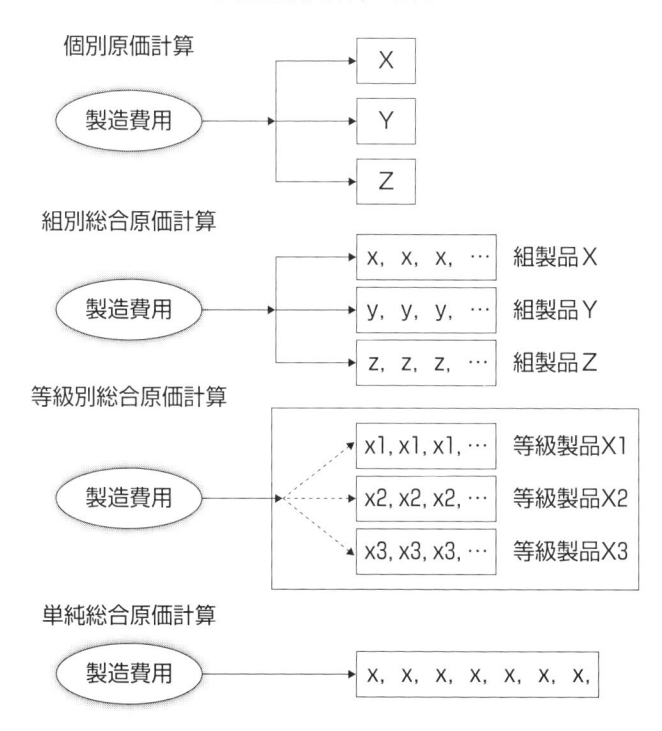

個別原価計算

製造費用 → X
        → Y
        → Z

組別総合原価計算

製造費用 → x, x, x, … 組製品X
        → y, y, y, … 組製品Y
        → z, z, z, … 組製品Z

等級別総合原価計算

製造費用 → x1, x1, x1, … 等級製品X1
        → x2, x2, x2, … 等級製品X2
        → x3, x3, x3, … 等級製品X3

単純総合原価計算

製造費用 → x, x, x, x, x, x, x,

なお、製品原価計算の形態と業種が完全に対応する訳ではないが、個別原価計算は受注型の企業に適しており、量産型は組別総合原価計算、等級別総合原価計算、単純総合原価計算が適している。受注型の企業では、住宅、ビルなどの建築・建設業、造船業などが代表的であろう。量産型では家電製造業、アパレル製造業、アルコール・飲料水製造業が代表的であろう。

VIII 活動基準原価計算

問題35
活動基準原価計算では、間接費はまず（　　）に集計され、ついで製品に集計される。（　　）に入る語句は次のうちどれか。

① 単一、つまり工場一括のプール
② 部門ごと
③ 工程ごと
④ 活動ドライバーによって区別されるプール

問題36
資源の消費額を各活動に集計する際の基準は次のうちどれか。

① 活動ドライバー
② 資源ドライバー
③ 収益ドライバー
④ いずれでもない

解答35 ④

解説 伝統的な製品原価計算では、間接費は部門別に集計されてきた。しかし、活動別に資源の原価、特に間接費を集計し、ついで活動別に集計された活動原価を製品に集計するという活動基準原価計算が開発された。製品が特定の活動を需要し、そして活動は特定の資源を需要する、という製品・活動・資源間の因果関係を重視することで正確な製品原価計算と適切な原価管理を行うことが期待されたのである。

解答36 ②

解説 活動基準原価計算では、まずは資源ドライバーによって、資源の消費額を活動に集計する。ついで、活動ドライバーによって、活動原価を製品に集計する。活動ドライバーは活動原価を製品に集計する際の基準である。収益ドライバーは収益をもたらす要因のことで、リピート率などの非財務的尺度で表すことが多い。なお、資源ドライバーと活動ドライバーをまとめてコスト・ドライバーという。資源、資源ドライバー、活動、活動ドライバー、原価計算対象について次のような例が参考になろう（岡本、2000、p. 901）。

資源、活動、コストドライバーおよび原価計算対象の例

資源	資源ドライバー	活動	活動ドライバー	原価計算対象
倉庫係賃金	作業時間	保管活動	部品別1日当たり在庫金額×在庫日数	各種部品
段取工賃金	（直課）	段取活動	段取回数	各種製品
電算機費用	端末台数	設計活動	設計時間	各種製品
トラックガソリン代	（直課）	配送活動	走行距離	顧客

問題37 活動基準原価計算の実施効果が高い企業は次のうちどれか。

① 製品の種類が多い製造業
② 工程の段取り替えが頻繁で原価がかかる製造業
③ 複数系統の金融商品を提供している金融業
④ 上のすべて

問題38 活動基準原価計算の計算結果について、適しているのは次のうちどれか。

① 大量生産の特殊品原価が上がった。
② 少量生産の標準品原価が上がった。
③ 大量生産の標準品原価が下がった。
④ すべての製品原価が下がった。

解答37 ④

解説 活動基準原価計算は間接費の管理のために開発された技法であり、多額な間接費、間接費の発生となる複雑な活動構造を有する企業にとって、業種を問わず、適切な技法である。営利企業のみならず、学校、病院、自治体のような非営利組織でも導入が始まっている。

解答38 ③

解説 操業度関連の配賦基準を使っていた伝統的な原価計算に比べて、活動基準原価計算では、製造の難しさ、段取り替えの頻繁さのような非操業度関連のコスト・ドライバーに注目する。標準品は特殊品に比べて、標準的な作業を反復的に行うため、原価が低く、また大量生産品は少量生産品よりも原価が低くなることが多い。

IX CVP分析

問題39
貢献利益の定義として、正しいのは次のうちどれか。

① 売上高から変動費を差し引いた利益
② 売上高から変動費と固定費を差し引いた利益
③ 売上高から売上原価を差し引いた利益
④ 売上高から売上原価と販売費・一般管理費を差し引いた利益

問題40
損益分岐点売上高の求め方のうち、正しいのは次のうちどれか。

① 固定費を単位当たり変動費で除す。
② 固定費を変動費率で除す。
③ 固定費を単位当たり貢献利益で除す。
④ 固定費を貢献利益率で除す。

解答39 ①
解説　③は売上総利益、②と④は営業利益の定義である。貢献利益の貢献とは、固定費の回収と営業利益の獲得に貢献するという意味である。

解答40 ④
解説　短期利益計画で用いる技法として、原価・営業量・利益の関係に注目したCVP分析がある。この分析では、原価を営業量に応じて変化する変動費と変化しない固定費に分けておくことが重要となる。営業量としては売上高や製造・販売数量を使う。売上高を営業量とした場合の利益図表は次のとおりである。なお、固定費を単位当たり貢献利益で除すと、損益分岐点販売量を求めることができる。

売上高での損益分岐点図表

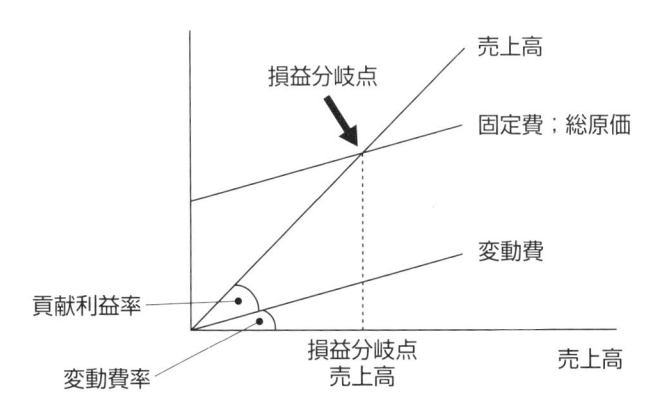

第4章 会計・財務

問題41 損益分岐点の性質として、正しいのは次のうちどれか。

① 変動費が相対的に少ないほど、損益分岐点売上高は低くなる。
② 変動費が相対的に多いほど、損益分岐点売上高は高くなる。
③ 固定費が相対的に少ないほど、損益分岐点売上高は低くなる。
④ 固定費が相対的に少ないほど、損益分岐点売上高は高くなる。

解答41 ③

解説 次の図をみれば、明らかであろう。

固定費の多寡と損益分岐点の関係

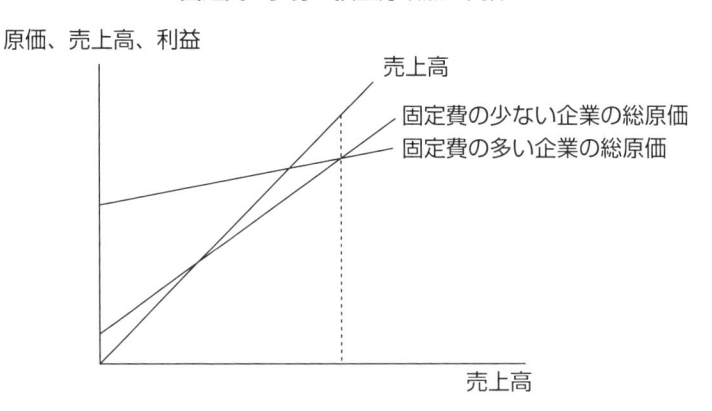

原価、売上高、利益

売上高
固定費の少ない企業の総原価
固定費の多い企業の総原価

売上高

また、上の図から、企業にとって重要な意義があることがわかる。つまり、より大きな目標利益額を達成するためには、CVP分析を用いると、①売上高（営業量）を増やす、②貢献利益率を上昇させる、または③固定費を削減するといった方策しかないのである。

問題42

目標利益を達成するための販売量を求める方法として、正しいのは次のうちどれか。

① 目標利益を単位当たり貢献利益で除す。
② 目標利益を貢献利益率で除す。
③ 固定費と目標利益の合計を貢献利益率で除す。
④ 固定費と目標利益の合計を単位当たり貢献利益で除す。

解答42 ④

解説 ③は目標利益を達成するための売上高を求める方法である。なお、損益分岐点図は、販売数量を横軸にとることもできる。解答40の図表とよく比較してほしい。

販売数量での損益分岐点図表

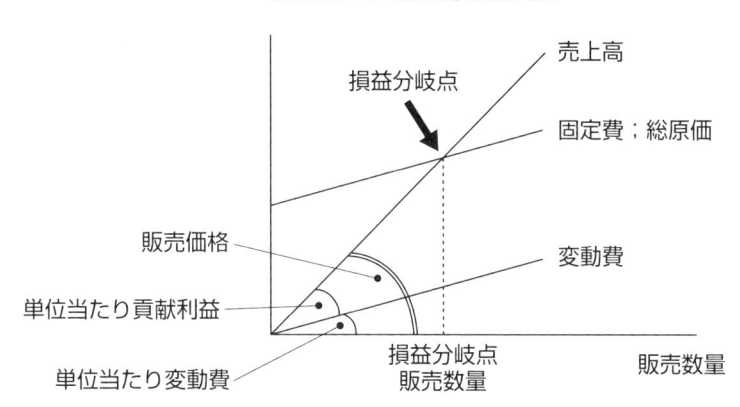

問題43

OBS工業株式会社の次年度の見積損益計算書は次のとおりである。なお、仕掛品と製品の期首棚卸高および期末棚卸高はないものとする。

見積損益計算書

売上高	@400円×2,000個……………………	800,000円
変動費		
直接材料費	@70円×2,000個…140,000円	
直接労務費	@90円×2,000個…180,000円	
変動製造間接費	@50円×2,000個…100,000円	
変動販売費	@30円×2,000個……60,000円	
合計	@240円	480,000円
貢献利益		320,000円
固定費		
固定製造間接費	120,000円	
固定販売費・一般管理費	100,000円	
合計		220,000円
営業利益		100,000円

この資料に基づいて、以下を計算しなさい。

(1) 損益分岐点売上高
① 500,000円　② 550,000円　③ 600,000円　④ いずれでもない

(2) 損益分岐点販売量
① 1,300個　② 1,375個　③ 1,450個　④ いずれでもない

(3) 目標営業利益180,000円を達成するための売上高
① 900,000円　② 950,000円　③ 1,000,000円　④ いずれでもない

解答43 (1) ② (2) ② (3) ③
解説

(1)
$$損益分岐点売上高 = \frac{固定費}{貢献利益率} = \frac{220,000円}{0.4} = 550,000円$$

(2)
$$損益分岐点販売量 = \frac{固定費}{単位当たり貢献利益} = \frac{220,000円}{160円/個} = 1,375個$$

(3)
$$目標営業利益を達成するための売上高 = \frac{固定費+目標営業利益}{貢献利益率}$$
$$= \frac{220,000円 + 180,000円}{0.4} = 1,000,000円$$

なお、損益分岐点売上高の公式は、以下の図表に基づくとわかりやすいかもしれない。図において、破線と直線で区切られた直角三角形に注目すると、固定費を貢献利益率で割ると、損益分岐点売上高を求められることが明らかであろう。横軸を販売数量にすれば、固定費÷単位当たり貢献利益=損益分岐点販売量という公式も明らかとなろう。

貢献利益図表

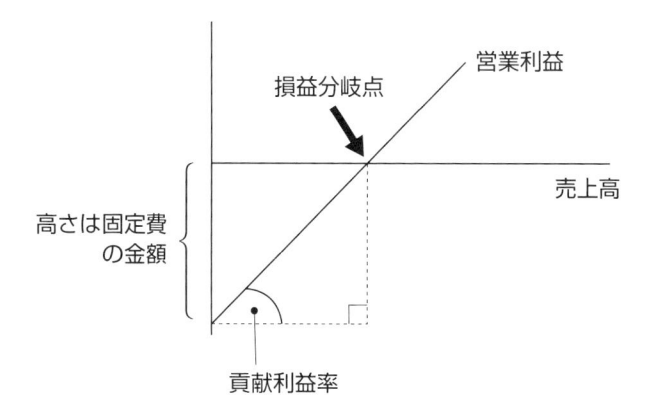

X 利益計画と予算管理

問題44
予算管理の機能について、正しいのは次のうちどれか。

① 諸活動の計画
② 諸活動の統制
③ 部門間の調整
④ 上記のすべて

問題45
変動予算について、適切なのは次のうちどれか。

① 事後的な営業量に対応した予算であるので、経営管理では望ましくない。
② 営業量の変化に対応した予算であるので、特に、統制機能を期待できる。
③ 固定費を除いた変動費に対する予算のことである。
④ いずれでもない。

問題46
利益センターにおいて、その担当者が責任をもつのは次のうちどれか。

①原価
②原価と収益
③原価、収益および投資
④収益

解答44 ④

解説 予算管理の機能は、全社的目標利益を達成するために、組織単位ごとに諸活動を計画し、組織単位の活動が計画通りに実行されるように統制することであり、予算は計画の立案においては部門間の調整を通じて全社的な目標を達成できる計画を立案する機能も果たす。

解答45 ②

解説 一定の営業量、たとえば、ある特定の年間販売量に基づいて予算を設定し、それと実績を比較する固定予算と比べて、実際の営業量に対しての予算と実績が比較されるので、統制機能をより期待できる。

解答46 ②

解説 原価にのみ責任をもつのが原価センター、原価と収益、したがって、利益に責任をもつのが利益センター、利益のみならず投資にも責任をもつのが投資センターである。

　なお、担当者の業績評価を考えると、集計される原価、ないし収益、あるいは投資は管理可能性の観点を考慮すべきである。たとえば、原価センターであれば、その担当者にとって管理不能な原価が集計されると、担当者の職務に対する動機づけは低くなるであろうし、その結果、成果も低くなってしまうであろう。

問題47

投資センターの長としての事業部長の業績評価について、最も適切なのは次のうちどれか。

① 利益の投資額に対する比率で業績評価をするのがよい。
② 事業部長が管理可能な利益で業績評価するのがよい。
③ 事業部長が管理可能な利益から管理可能な資産に対する資本コストを差し引いた残余利益で業績評価するのがよい。
④ いずれでもない。

解答47 ③

解説 投資センターの長としての事業部長は、利益のみならず投資額に対しても責任をもっている。このとき、ROI（Return on Investment; 投資利益率）、つまり利益の投資額に対する比率で事業部長を業績評価すると、全社的には行うべき投資を避けて、ROIの最大化を図ろうとするかもしれない。こうした部分最適行動を避けるためには、残余利益で業績評価を行うとよい。また、管理可能利益で業績評価をすると、とにかく投資を行って管理可能利益を最大化しようとしてしまう。

問題48

テリーズホームセンターは、芝刈り機と庭用の設備を販売するために組織された（Anthony et al.,2010,pp.732-733.を修正）。同社は次のような資産をもって、1月1日から営業を始めた。

現金	14,000千円	建物と設備	250,000千円
棚卸資産	29,000	（耐用年数は10年、残存価額はゼロ。）	
土地	31,000		

1月、2月および3月（つまり、第1四半期）の売上高は140,000千円であると期待されている。そして、次の3ヶ月は280,000千円、その次の3ヶ月は325,000千円であると期待されている。費用の中には売上高に応じて変化すると期待されている費目があり、次に示すとおりである。

	売上高に対する百分率
売上原価	60
貸倒損失	2
貸倒損失を除く変動販売費	13
変動一般管理費	5

その他の費用は売上高に応じて変化するとは期待されていない。詳細は次のとおりである。

減価償却費を除く販売費	四半期当たり26,000千円
減価償却費を除く一般管理費	四半期当たり18,550千円
減価償却費	四半期当たり 6,250千円

テリーズホームセンターの第1四半期および第2四半期の損益予算を作成しなさい。

	第1四半期	第2四半期
売上高	(　　　)	(　　　)
変動費：		
売上原価	(　　　)	(　　　)
貸倒損失	(　　　)	(　　　)
他の販売費	(　　　)	(　　　)
他の一般管理費	(　　　)	(　　　)
変動費計	(　　　)	(　　　)
貢献利益	(　　　)	(　　　)
固定費：		
減価償却費	(　　　)	(　　　)
他の販売費	(　　　)	(　　　)
他の一般管理費	(　　　)	(　　　)
固定費計	(　　　)	(　　　)
営業利益	(　　　)	(　　　)

解答48

	第1四半期	第2四半期
売上高	(140,000)	(280,000)
変動費：		
売上原価	(84,000)	(168,000)
貸倒損失	(2,800)	(5,600)
他の販売費	(18,200)	(36,400)
他の一般管理費	(7,000)	(14,000)
変動費計	(112,000)	(224,000)
貢献利益	(28,000)	(56,000)
固定費：		
減価償却費	(6,250)	(6,250)
他の販売費	(26,000)	(26,000)
他の一般管理費	(18,550)	(18,550)
固定費計	(50,800)	(50,800)
営業利益	(△22,800)	(5,200)

解説　損益予算を作成する際、費用を変動費と固定費に区分して予測できるようになっていると、非常に便利である。売上高に応じて総額において変動する変動費を先に控除して、貢献利益を見積もる。そして、固定費を予測して、最終的に営業利益を見積もる。

　当初の予算では、第1四半期が営業損失となるので、これを回避できないかをもう一度検討すべきである。

XI 財務的意思決定

問題49

OBS技研（株）は、新規の顧客から１度限りの特別注文の申し出を受けている。この特別注文を引き受けたとしても、既存の販売は影響を受けない。OBS技研は、総製造原価の５割増しという目標価格の設定方針をもっている。同社の現行製品の製造原価と目標価格は単位当たりで次のとおりである。

直接材料費	32千円
直接労務費	60
変動製造間接費（直接労務費の70%）	42
固定製造間接費（直接労務費の140%）	84
総製造原価	218千円
目標利益（総製造原価の50%）	109
目標販売価格	327千円

OBS技研には、この新規顧客の注文数量を製造するための遊休となっている製造能力がある。製造能力の遊休部分について、この特別注文に応える以外、使い道はない。この特別注文で使用する直接材料費は、現行製品の製造原価よりも単位当たりで3,000円安くすむ。変動販売費は現行製品と同様、単位当たりで2,000円かかる。その他の原価は現行製品と同じである。

OBS技研は目標価格の設定方針に反して、この特別注文に対する最低価格はいくらとすべきか。なお、直接労務費は変動費であるとする。

① 133千円 ② 217千円 ③ 218千円 ④ 220千円

解答49 ①

解説 固定製造間接費は固定費であるので、当該申し出を受けようが、断ろうが、総額では変化なく発生する。さらに、遊休の製造能力があり、申し出を受ける以外に使い道がない。したがって、この1度限りの申し出を受ける場合、変動費を回収できる価格を最低価格とすればよい。特別注文に関する変動費を整理すると、次のようになる。

直接材料費	32千円－3千円＝29千円
直接労務費	60
変動製造間接費（直接労務費の70％）	42
変動販売費	2
総変動費	133千円

よって、最低価格は133千円である。

問題50

正味現在価値が正である投資案の内部利益率について、正しいのは次のうちどれか。

① 資本コストを上回る
② 資本コストと等しい
③ 資本コストを下回る
④ 負である

問題51

設備投資の意思決定で割引キャッシュフロー法を使う場合、当該投資に対する調達資金の利息について、正しいのは次のうちどれか。

① 当該投資において確定している借入資金の利息はキャッシュフローとして考慮する。
② 当該投資において借入資金額が確定していない場合、平均的な借入資金額の利息をキャッシュフローとして考慮する。
③ 借入資金の利息は資本コストに含まれるので、キャッシュフローとして考慮しない。
④ いずれでもない。

解答50 ①

解説 投資の意思決定の判断は次のとおりである。
・正味現在価値が正であれば、その投資案は実行されるべきである。
・内部利益率が資本コストを上回れば、その投資案は実行すべきである。
　なお、投資に振り向けることができる資本の金額に制限がある場合については、問題53を参照せよ。

解答51 ③

解説 割引キャッシュフロー法では、貨幣の時間価値を考慮するため、キャッシュフローを割り引いて投資の実行か否かを決定する。そのため、キャッシュフローには財務費用をいっさい含めてはいけない。調達資金の利息のような財務費用は、割引キャッシュフロー法では、割引率に反映されているので、キャッシュフローに含めると、2重計上になってしまう。

第4章 会計・財務

問題52

小樽事務サービス株式会社は、業務用のカラー複合機の購入を考えている。販売業者は2つの支払い方法を提案している。1つは250万円を即金で支払う方法である。もう1つは、頭金として140万円を今支払い、1年後に60万円、2年後に60万円を支払う方法である。割引率を7％として、どちらの方法を選択するべきか、正味現在価値法で判断しなさい。なお、

$$\frac{1}{1+0.07}=0.935、\frac{1}{(1+0.07)^2}=0.873$$

として計算しなさい。

① 即金で払うと総額が100,000円安いので、即金で払うべきである。
② 分割払いの現在価値合計が2,484,800円で即金払いよりも15,200円安いので、分割払いで払うべきである。
③ 分割払いの現在価値合計が2,484,800円、即金払いの現在価値合計が2,500,000円であり、即金払いの方が大きいので、即金で払うべきである。
④ いずれの方法でもよい。

問題53 資本予算に制限がある場合について、正しいのは次のうちどれか。

① 正味現在価値が正の投資案のうち、高い方から採用すればよい。
② 内部利益率が資本コストを超える投資案のうち、高いほうから採用すればよい。
③ 正味現在価値でも内部利益率でも順位は同じであるから、どちらを適用してもよい。
④ いずれでもない。

解答52 ②

解説 分割払いの現在価値を計算する。

キャッシュフローと現在価値の関係

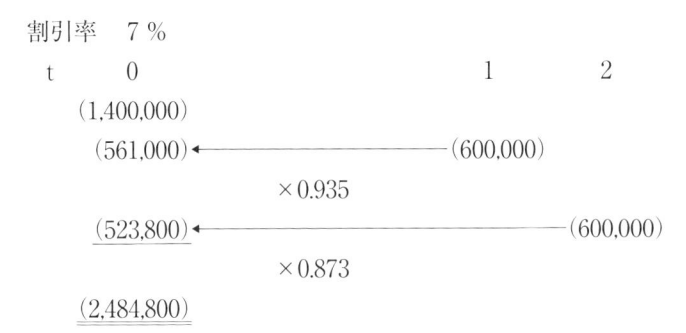

```
割引率　7％
t       0                           1           2
    (1,400,000)
       (561,000) ←─────────── (600,000)
                  × 0.935
       (523,800) ←──────────────────── (600,000)
                         × 0.873
    (2,484,800)
```

よって、分割払いの現在価値はマイナスの2,484,800円であり、即金払い額、つまり即金払いの現在価値よりも大きいので、分割払いを利用すべきである。

解答53 ①

解説 資本予算に制限がない場合は、正の正味現在価値を有する投資案と資本コストを上回る内部利益率を有する投資案は一致し、すべてを実行すればよい。しかし、両計算方法では、順位が異なることがあり、資本予算に制限がある場合、選択すべき投資案の組み合わせが異なる。この場合、正味現在価値法で判断すれば利益額が最大になる投資案の組み合わせを選択することができる。

第5章

ビジネス経済学・統計

- I　マクロ経済
- II　顧客と利益
- III　戦略的思考
- IV　産業構造とイノベーション
- V　統計とデータ
- VI　統計と確率

Ⅰ マクロ経済

問題1
国内全体の生産や雇用の水準、失業率の変化と関係しあって変化し、景気を判断する指標になっているのは次のうちどれか。

① 鉱工業生産指数
② 実質GDP
③ 対ドル為替レート
④ 東証株価指数

問題2
GDPについて正しく説明しているものは次のうちどれか。

① 企業が機械を購入すれば生産設備の増加になるので投資需要に計上するが、一般家庭の持家購入は投資ではなく消費需要である。
② ドイツから輸入された自動車を日本の消費者が買えば、日本国内の消費需要が増えるので日本のGDPは増える。
③ 政府が財政需要を1兆円増やせば、この分だけ生産活動が促され、GDPも1兆円増える結果になる。
④ GDPは、国内の生産活動による付加価値を合計した金額であるとともに、国内で生産された最終財への需要を合計した金額でもある。

問題3
貯蓄、投資、国際収支の関係について正しく説明しているものは次のうちどれか。

① 国内の貯蓄が投資を上回っている国は、輸出が輸入を上回るはずである。
② 国内の投資が貯蓄を上回っていれば、それだけ資金が余分にあるということになるので、その国は「資金余剰国」である。
③ 国内の投資が増えれば、輸入も増える傾向があるので、経常収支は赤字になるはずだ。
④ 輸出が輸入を上回れば外貨が蓄積される。つまり外国が日本に投資をしていることと同じである。

解答1 ②

解説 経済全体の状態を包括的に測定する経済データがGDPである。GDPは付加価値額の合計で、まず金額ベースで集計される。これを名目GDPというが、名目GDPを物価指数の1つであるGDPデフレーターで割ることにより実質GDPが求められる。実質GDPには物価変動による影響は含まれない。

解答2 ④

解説 一般家庭の持家購入は住宅投資という「投資」である。ドイツから自動車が輸入されても日本国内の生産は増えない。輸入はGDP集計上の控除項目である。財政需要が1兆円増えれば生産が1兆円増えることにより、所得が増える。その所得が消費需要の増加を誘発するのでGDPの増加は1兆円より大きくなる。

解答3 ①

解説 国内の投資が貯蓄を上回るのは外国から借金することで可能になる。つまり資金不足である。投資が増えると同時に輸出が増えれば経常収支は赤字にならない。日本の輸出が輸入を上回れば日本の外貨受け取りが支払いを超える。それでも外国が日本から輸入できるのは、日本が受け取った外貨を外国に貸すことができるためである。つまり日本が外国にマネーを貸していることになる。

II 顧客と利益

問題4
需要曲線について正しく説明しているものは次のうちどれか。

① 需要曲線とは自社製品の価格と需要量の一定の関係をいう。この関係は競合財の価格設定からは影響されないはずである。
② 自社製品を高めの価格で売るか、低めの価格で売るかという価格戦略を検討する場合、自社製品と他社製品との差別化ができていることが大前提である。
③ 顧客は、価格を支払って商品を手にする以上、より安い価格を望んでいる。企業が自社製品の販売価格を設定するときには必ず競合製品の価格と同じにせざるを得ない。
④ 商品がコモディティ化すれば市場価格で販売せざるを得ないプライステイカーとなる。このとき商品の買い手である消費者の側も消費者余剰が失われてしまう。

問題5
ある商品の価格を引き上げたところ売上収入は増えた。この商品の価格弾力性について正しいものは次のうちどれか。

① この商品の価格弾力性は1より小さい。
② この商品の価格弾力性は1より大きい。
③ この商品の価格弾力性は1である。
④ この商品の価格弾力性は0である。

問題6
価格弾力性が1より小さい商品が多く含まれているのは次のうちどれか。

① サービス財
② 耐久消費財
③ 必需財
④ 贅沢財

解答4 ②

解説 製品差別化ができていれば需要曲線は右下がりとなり、価格設定を高めにするか（数量をしぼる）、低めにするか（数量を増やす）を選ぶ余地ができる。差別化に成功した企業は、自社に最も有利な価格と販売量の組み合わせを選ぶ。

解答5 ①

解説 価格弾力性が1より大きいと、わずかな値上げで販売数量が大きく減ることになるので売上収入は減る。逆に、価格弾力性が1より小さいと、価格変化に対する数量変化が小さいので値上げはむしろ売上収入の増加につながる。価格弾力性が1に等しいのは、価格変化が売上げを増やしも減らしもしない状態に対応している。

解答6 ③

解説 価格弾力性が1より小さいというのは、需要される数量がいわば固定されている状態に近いということである。それは必需財に多くみられる。耐久消費財、たとえばTVなどは価格が下がったからといって何台も買うものではないが、一定期間（たとえば当月ないし当四半期）内の販売数量は価格設定に大きく影響される。それゆえ、価格弾力的な商品が多い。サービス財、贅沢財も同様である。

問題7

需要の所得弾力性について正しく説明しているものは次のうちどれか。

① エンゲル係数とは消費に占める食費の割合である。エンゲル係数は生活水準の向上とともに大きく下がってきているが、それは食費の所得弾力性が他の商品よりそれだけ高いためである。
② 食品より娯楽サービス費の所得弾力性が高いなら、家計では食費より娯楽サービスの方に多くの金額を必ず支払っている。
③ 不況になり販売が低下するとき、所得弾力性が低い商品は高い商品より販売が大きく落ち込みやすい。
④ 一般にサービス商品の所得弾力性は1よりも高い。それは生活水準が高い国ではサービス支出の割合が高いことからもわかる。

問題8

ファックスなどのように普及率が上昇すればするほど利便性が高まり需要を増加させる効果を示すものは次のうちどれか。

① ハードウェア依存性
② ネットワーク外部性
③ バンドワゴン効果
④ デモンストレーション効果

問題9

コモディティ化した商品から得られる利益を最大化したいとき必要となる条件は次のうちどれか。

① 限界費用が平均費用と等しい。
② 価格が平均費用と等しい。
③ 価格が平均費用を上回っている。
④ 価格が限界費用と等しい。

解答7 ④

解説 所得弾力性が1より高いと、所得が増える率以上に購入する数量が増えるので、結果として消費合計に占めるその商品の購入シェアは上がることになる。エンゲル係数は所得の向上とともに下がっているが、それは食品の所得弾力性が1より低いためである。所得弾力性が高い商品は、所得拡大期には数量が大きく増えるが、所得が低下すると販売数量がより一層大きく低下する。

解答8 ②

解説 「ネットワーク外部性」が認められる商品としては、mixi、Facebookなどのソーシャル・ネットワーク、現在のインターネットの技術的基盤となっている通信規格であるTCP／IPなども挙げられよう。

解答9 ④

解説 コモディティ化している商品は価格設定の余地がなく市場価格の下で販売せざるを得ない。限界費用が市場価格より低いか高いかで、増産あるいは減産を選ぶのが短期的な利益最大化には必要である。

問題10

価格支配力をもっている商品の生産から得られる利益を最大化したいとき限界費用と等しくしなければならないのは次のうちどれか。

① 平均費用
② 限界収入
③ 売上収入
④ 損益分岐点

問題11

価格と費用、利益の関係について正しく説明しているものは次のうちどれか。

① 最大利益を達成するには、平均費用に対する価格の比率をできるだけ高くすることが鉄則となる。
② 製品が差別化されている場合、需要曲線は右下がりになる。価格が限界費用を上回るかぎり増産していくのが最大利益への近道である。
③ 製品が差別化されているときは販売価格を高めに設定する余地が生まれるが、価格が平均費用を大きく超えていれば収益率が高いため競合他社の参入を誘うことになる。
④ 需要曲線が変わらない状況で限界費用が低下するとすれば、コストの低下から利益が拡大するので、むしろ生産数量を減らして価格をもっと高めにすればよい。

問題12

固定費があり限界費用が逓増するときU字型の変動パターンを示すのは次のうちどれか。

① 総費用
② 変動費
③ 限界費用
④ 平均費用

解答10 ②
解説 価格支配力があるというのは、増産あるいは減産を通じて市場価格に影響を与え得る。換言すれば、高めの価格か低めの価格にするかを選ぶことができる状態である。こんな状態では、「市場価格への対応」というより「販売価格をどう決めるか」が経営者に与えられる問題になる。限界費用とのバランスをとるべき値は価格ではなく限界収入になる。

解答11 ③
解説 高い利益が期待できる業界には参入を検討している潜在的な競合企業があると推測しておくべきである。その参入をいかにして阻止するか、ライバルが実際に参入した後にどのように戦うかについては戦略的に思考することが大事である。

解答12 ④
解説 総費用や変動費は「合計概念」であり、生産拡大とともに増えるものである。「1個概念」の費用は限界費用と平均費用であるが、固定費があるとき平均費用はある高さまでは必ず低下する。平均費用が上昇していく速さは限界費用が逓増する速さに左右される。スケールメリットがあるとき、限界費用もある高さまでは低下して、それから上昇するというU字型パターンを示すことがあるが、「限界費用が逓増する」というケースにおいては④のみ正解である。

問題13 競合企業が参入し激しく競争することから長期的に予想される結果は次のうちどれか。

① 価格が限界費用と等しくなる。
② 価格が平均費用と等しくなる。
③ 価格が限界収入と等しくなる。
④ 価格が限界費用と平均費用との中間に入る。

問題14 限界費用を上回る顧客に対して、顧客評価に等しい価格で製品を販売すると、その企業は潜在的な利益をすべて得ることができる。このことを指している言葉は次のうちどれか。

① 完全独占
② 第3次価格差別
③ 第2次価格差別
④ 完全価格差別（＝第1次価格差別）

問題15 異なった顧客に異なった価格で販売する価格差別は、利益拡大につながる価格戦略の1例であるが、商品によっては価格差別を有効に実施するのが難しい。価格差別の実施が難しいと思われる商品は次のうちどれか。

① レストラン（ランチタイムとそれ以外）
② パソコン（例：学生割引、同メーカー製品の継続使用を割引、etc.）
③ タクシー料金（昼間・夜間）
④ 予備校の授業料減免（在籍校、センター試験得点等々による減免）

解答13 ②

解説 競争は必ずしもコモディティ化された市場でのみ展開されるわけではなく、自社製品と他社製品が差別化されているとしても、互いに代替性があるなら価格競争から逃れることはできない。「利益機会があれば参入の脅威がある」という命題をそのまま受けとれば、現在の利益は模倣や陳腐化によって長期的には消失すると予想しなければならない。

解答14 ④

解説 価格差別は同じ商品を異なった価格で販売する行動であり「一物多価」戦略を指す。それゆえ、たとえば衣服のオーダーメイドは、一定の価格メニューの下で顧客ごとにサイズを変えた商品を販売するので「価格差別」には当てはまらない。

解答15 ②

解説 価格差別が利益拡大戦略として機能するための必要条件は「転売市場」が形成されないことである。それゆえ、価格差別はサービスに多くみられる。パソコンは譲渡が可能である。割引価格で何台も買えるのであれば、転売により利益が得られるから、高値を適用する顧客が転売市場に流出する懸念がある。

III 戦略的思考

問題16
次に示す4つの行動の中で戦略的意図が他と異なると思われるものは次のうちどれか。

① 模倣
② 市場細分化
③ ニッチねらい
④ 製品差別化

問題17
隣り合っている2つの小売店の利得表は以下のようである。

		小売店B　高値	小売店B　安値
小売店A	高値	(100, 100)	(−50, 200)
	安値	(200, −50)	(0, 0)

このゲームのナッシュ均衡を示す戦略の組み合わせは次のうちどれか（小売店A、Bの順）。

① 高値と安値
② 安値と高値
③ 安値と安値
④ 高値と高値

解答16 ①

解説 市場細分化は利益拡大の基本であるが、自社製品の差別化が必要である。自社を他社から差別化する行動は、他社にとっても差別化になるのでアグレッシブな戦略ではない。異質の顧客を異なった市場として細分化して自社が独占的なポジションを占める戦略は、競争を回避しようという試みでもある。それに対して「模倣」は最初からライバル企業と同質の商品を販売し価格競争の果てに顧客を奪取する攻撃的な戦略である。

解答17 ③

解説 それぞれのプレーヤーが相手の戦略を予想し、その戦略に対して自己利益を最大化する最適反応戦略をとる。これが（非協調型）ゲーム論の基本である。ナッシュ均衡においては、相手の戦略が予想通りであり、自らの戦略を変更する動機がない。それゆえ、ナッシュ均衡は、たとえ参加者全員にとって望ましくはないとしても、事態を打開しようというプレーヤーが現れず、その状態が持続性をもってしまう。

問題18

「囚人のジレンマ」について正しく説明しているものは次のうちどれか。

① プレーヤーすべてに支配戦略があるときは必ず囚人のジレンマに陥ってしまう。
② 囚人のジレンマは望ましい状況ではないので、各プレーヤーが最適反応戦略を選ぶことによって解消しなければならない。
③ 囚人のジレンマは、一方の得が他方の損というゼロサムゲームにおいて現れる状態である。
④ 囚人のジレンマは、1回限りのゲームではなく、長期的に戦略変更の機会が何度もある繰り返しゲームになると解消することができるようになる。

問題19

企業AとBは差別化されているが競合関係にある製品を販売している。今、両社は輸入原材料価格の上昇により販売価格引き上げを検討しており、その利得表は以下のようだと考えている。

		企業B 値上げ	企業B 据え置き
企業A	値上げ	(100, 60)	(40, 50)
企業A	据え置き	(80, 15)	(60, 40)

このゲームの結果について正しく解説しているものは次のうちどれか。

① 企業A、B両社が値上げを選ぶとすれば、どちらの側にも戦略変更の誘因は生じないので、必ず協調値上げが実現する。
② このゲームにはナッシュ均衡が2つあり、企業Aと企業Bは戦略的な補完関係におかれている。
③ このゲームにはナッシュ均衡が2つあり、企業Aと企業Bは戦略的な代替関係におかれている。
④ 企業Aにも企業Bにも支配戦略はないのでナッシュ均衡もない。

解答18　④

解説　すべての参加者にとって望ましくはないにもかかわらず、その状態が永続するというのは奇妙であろう。1回限りの「ワンショット・ゲーム」ではなく、何度も意思決定の機会がある「繰り返しゲーム」においては、裏切りに対する報復をペナルティとして意識するので、互いに「裏切らない」ことがナッシュ均衡となる。囚人のジレンマを避けることができるのは、参加者が長期的なゲームとして状況を理解し、互いを意識するからである。

解答19　②

解説　ナッシュ均衡は「値上げ×値上げ」、および「据え置き×据え置き」である。双方の行動に同調性があるのは「男女のデートゲーム」のパターンであり、戦略的な関係には補完性がある。どちらのナッシュ均衡が実現するかは、利得表以外の情報、たとえば歴史的・履歴的なリーダーシップがあるかどうか、消費者の反応、当局の期待等々の要因が関係する。

問題20

半導体メーカーのA社は過剰設備をかかえており、それに対してB社はシェア向上を目指して能力拡大投資の好機を待っている。両社がおかれている利得表は以下のようである。

		企業B	
		現状維持	拡大投資
企業A	設備廃棄	(150, 50)	(70, 100)
	能力維持	(100, 40)	(40, 10)

このゲームの結果について正しく解説しているものは次のうちどれか。

① 企業Aにとって設備廃棄が支配戦略だから企業Aは必ず設備廃棄を進める。
② 企業Aが「B社が拡大投資を行うなら当社は生産能力を保持して増産で迎え撃つ」という行動方針にコミットすれば、企業Aの利益はナッシュ均衡より増える可能性がある。
③ 企業Bには支配戦略がないので、企業Bの行動は予測しがたい。
④ 企業Aが生産能力を維持する意思をもつなら、B社にはその意思を秘匿する方が有利である。

解答20 ②

解説 ナッシュ均衡は「設備廃棄×拡大投資」である。企業Aには支配戦略「設備廃棄」があるが、企業Bには企業Aの「本音」は把握されていないとする。企業Bには支配戦略がなく、企業Aとの間には戦略的な代替性があると考えている。企業Aが企業Bの戦略的選択肢を何かの方法で把握できれば、先手をうって②のようなコミットメントをとるであろう。

Ⅳ 産業構造とイノベーション

問題21
IOは、はじめにタテにみると何がわかるか。またヨコからみると何がみえるか。その正しい見方を述べているのものは次のうちどれか。

① タテからみると最終需要と付加価値の合計値である生産額がみえる。次に、ヨコからみると中間需要と最終需要の合計値である生産額がみえる。
② タテからみると中間投入と付加価値の合計値である生産額がみえる。次に、ヨコからみると中間需要と最終需要の合計値である生産額がみえる。
③ タテからみると中間需要と最終需要の合計値である生産額がみえる。次に、ヨコからみると中間投入と付加価値の合計値である生産額がみえる。
④ タテからみると中間需要と最終需要の合計値である生産額がみえる。次に、ヨコからみると中間投入と最終需要の合計値である生産額がみえる。

問題22
5年に一度しか作成されない産業連関表の、有効な用途の理由を記述しているものは次のうちどれか。

① 5年ごとの国民経済計算と一致するので、部門別に最終需要変化を明示できるから。
② 5年ごとの国民経済計算と一致するので、部門別に付加価値変化を明示できるから。
③ 5年ごとの産業構造と一致するので、部門別に付加価値変化を明示できるから。
④ 5年ごとの産業構造と一致するので、部門別に産業構造変化を明示できるから。

解答21 ②

解説 産業連関表は、別名「投入産出表（IO Table）」とも呼ばれる。そのゆえんは、はじめに列＝タテの部門ごとの生産構造が部門別の中間投入＋部門別付加価値＝部門別生産額として決定される。その結果、行＝ヨコにも各生産部門で生産のため需要のあった中間需要が明示される。これに、消費・投資・政府支出・輸出入などの最終需要が同様に生産部門別に別掲されることから、ヨコにみると部門別の中間需要＋最終需要＝部門別生産額がわかる。

解答22 ④

解説 産業構造は内部環境（技術進歩・労働投入等）と外部環境（世界競争・資源価格・環境制約等）の両面にわたって大きな影響を受け、5―10年間の期間にはじめはゆっくりと、後に劇的に変化する。そのため、5年に一度作成される産業連関表を3点間（10年間）で比較すると、産業構想の変化が投入係数の変化として明瞭に析出される。

問題23

交易条件（為替レート）の変化によって製造業や農業の海外生産が一般化すると、国内における生産と雇用は不可避的に減少する。こうした流れに対して、国内雇用を維持し続けるために有効な方策を挙げているものは次のうちどれか。

① 雇用は減っても、所得さえ維持できる高付加価値産業があればGDPは維持できる。
② 雇用を減らさないため、同等の雇用が維持できる新産業を国内に創出する必要がある。
③ グローバル競争の結果、国内産業が弱体化ないし消滅して失業が増加し、GDPが減少してもこれを甘受すべきである。
④ 保護貿易や非関税障壁を高い水準で維持し、たとえ高コストであっても国内製造業や農業を守るべき。

問題24

経済発展の原因はイノベーション（新結合）にあると1912年にシュンペーター教授は述べた。シュンペーター教授が理論化したイノベーションを正確に述べているものは次のうちどれか。

① イノベーションとは、新たな創意工夫やマーケティングによって新製品を生み出す手法である。
② イノベーションとは、新たな技術や情報によって新製品を生み出す手法である。
③ イノベーションとは、古い生産手段を組み替えて、新たな市場や顧客を創出する手法である。
④ イノベーションとは、資金と知識を投入することによって、新たな市場や顧客を創出する手法である。

解答23 ②

解説 かつて経済学の父といわれるアダム・スミス博士は、主著『諸国民の富（国富論）』の中で国富の源泉とは「国内で増加する年々の雇用」にあると主張した。現代においても、ルクセンブルクやシンガポール、バチカンのような小国ないし都市国家をのぞき、人口数千万―数億人を抱える多くの国家においては、年々増加ないし維持される人口に対して食料を自ら供給する義務をもつのみならず、国内労働力に対する雇用を提供し続ける必要がある。それゆえ先進国・発展途上国を問わず、「国内雇用問題」は常に国家における最大の政治課題となっている。もしも国家が弱体化し国内維持をあきらめざるを得ない衰退産業を抱える場合、それに見合う新産業を次々と国内に生み出してゆかねばならない。こうした結果が、5年ごとに作成される産業連関表に明示される。

解答24 ③

解説 シュンペーター教授は、経済の成長と発展が異なるものであることを理論的に証明した。そして、経済（産業）の本質的課題は発展にあり、発展には新結合（イノベーション）と呼ばれる原料・加工方法・製品・販路・組織の5つの〈古い生産手段を新たな生産手段〉へと組み替えていく必要性を論じた。つまり、イノベーションとは、素材開発からマーケティング・ベンチャービジネスを含む広大な概念であり、技術革新などといった狭い概念にとらわれないことを経済学の歴史上初めて明らかにした。

問題25 イノベーションは誰によって実現されるのであろうか。その担い手として社会的に期待されるものは次のうちどれか。すべて選択せよ。

① 大学や企業内研究所の研究者やエンジニア
② 既存の中小企業や大企業ではたらく新規事業担当者
③ 大学や企業を飛び出して新設されたベンチャー企業の創業者
④ 新たなベンチャー企業に直接株式を引き受け投資しようとするキャピタリスト

解答25 ①－④のすべて

解説　イノベーションは、必ずしもベンチャー企業の設立を伴わない。もちろん、かつてのホンダやSONYのように同業大手他社がひしめく競争市場に、斬新な新製品・新サービスを提供するべく創業されたベンチャー企業は魅力的である。だが、既存の企業においても、同一の製品・サービスを30年以上にわたって提供し続けられる例はほとんど例外的だ。それゆえ、既存企業においても大小を問わず、市場に向けて斬新な新製品・新サービスを開発提供しなければ企業としての存続は難しい。それゆえ、大学を含めあらゆる分野におけるイノベーションは必要であり、その担い手もまたあらゆる分野で必要とされている。

Ⅴ 統計とデータ

問題26

統計的な問題解決には5つのステップがある。順不同で以下に挙げる。

A. 分析（Analysis）
B. 結論（Conclusion）
C. 問題（Problem）
D. 計画（Plan）
E. データ（Data）

以上の5つのステップの正しい順番の組み合わせは次のうちどれか。

① E→C→A→D→B
② D→A→C→E→B
③ C→D→E→A→B
④ E→A→B→C→D

解答26 ③

解説 統計分析は問題解決にデータを活用するときのツールである。それゆえ、問題を明らかにしてから解決のための計画をたて、必要なデータを集め、データ全体を総合的に分析してから結論を出す。これが標準的な手順でPPDACと略称される。行き当たりばったりに手元にあるデータをみて、「問題」と思われる箇所を発見し、「分析」を進め、解決のための「計画」を作る。たまたま手元にあるデータからでも色々な理屈づけが可能であるので注意するべきである。

問題27

統計分析にはデータが必要である。データは下のように表の形に整理されている。以下の設問に答えよ。

データ番号	場所	床面積(平米)	土地面積(平米)	年数(年)	価格(万円)
1	緑	122	210	18	1500
2	入船	146	284	27	1350
3	長橋	92	154	13	980

(1) 値が、数字ではなく「緑」、「入船」という文字情報であるとき、このような変量を指す言葉は次のうちどれか。
① 文字変量
② 質的変量
③ 非数値変量
④ 離散変量

(2) 土地面積の値は平米を単位とする数量である。このような変量を指す言葉は次のうちどれか。
① 量的変量の比例尺度
② 量的変量の間隔尺度
③ 質的変量の名義尺度
④ 質的変量の順序尺度

問題28

データはいろいろな値をとるが、このことを「データのばらつき」という。ばらつきの様子や大きさを示すものは次のうちどれか。

① 散布
② 変化
③ 偏差
④ 分布

解答27 (1) ② (2) ①

解説

(1)
　データには量的変量と質的変量がある。文字情報にも大小比較情報を含まない名義尺度と大小の順序を伝える順序尺度がある。上の「場所」変量は名義尺度である。

(2)
　量的変量には値0が実質的な意味をもつ比例尺度と値0に意味はない間隔尺度がある。摂氏や華氏の気温は0度に意味はなく、そのため摂氏20度は摂氏10度の2倍暖かいわけではない。温度変化にのみ実質的な意味がある。それに対して体重の場合、20kgは10kgの2倍重く、0kgにも実質的な意味がある。気温は間隔尺度であり、体重は比例尺度である。

解答28 ③

解説　個人別に集めた身長や体重、あるいは所得や資産の観察値には違いがあるのが普通である。データ全体の様子はヒストグラムを描くと視覚的によく分かる。統計で「ばらつき」というとき、個々のデータと代表値との違いを指していう点が重要である。「偏差」は、個々のデータの値とデータ全体の代表値（平均値、中央値など）との差である。

問題29
分布の特徴を伝える2つの重要な特性値は次のうちどれか。

① 尖り度と歪み度
② 代表値と散布度
③ 散布度と歪み度
④ 代表値と尖り度

問題30
代表値としてよく利用されている2つの統計量は次のうちどれか。

① 最小値と最大値
② 平均値と標準偏差
③ 中央値と平均値
④ 最頻値と四分位範囲

問題31
平均値とともによく利用される散布度の指標は次のうちどれか。

① 標準偏差
② 範囲
③ 平均偏差
④ 四分位範囲

解答29 ②

解説 代表値はデータの値の大きさの目安、散布度は代表値を基準としたばらつきの大きさの目安である。ヒストグラムに即していえば、代表値は分布の中心、散布度は分布の広がりになる。歪み度はヒストグラムの非対称度、尖り度はヒストグラムの両端部がどの程度ぶ厚いか、極端な値がどの程度表れやすいかに関係する。分布の特徴を把握するには、最小限、代表値と散布度を知っておく必要がある。

解答30 ③

解説 代表値としてはモード（並み値）、メディアン（中央値）、平均値の3つがよく使われる。この中でモードはわかりやすい代表値だが、ヒストグラムを描く際の級間隔に左右されるという欠点がある。平均値は中央値に比べて極端な値に影響を受けやすいが、その確率的な性質から統計分析では標準偏差とともに常用されている。

解答31 ①

解説 散布度としては範囲、四分位範囲、標準偏差（もしくはこれを二乗した値である分散）などがよく使われる。標準偏差は平均値をもとに算出する散布度の指標で、平均値とともにあわせて使うものである。サンプル数 N が小さい場合は、平均二乗偏差の下方バイアスを以下のように修正した「不偏分散」の平方根を標準偏差として用いる。

$$\frac{1}{N-1}\sum_{i=1}^{N}(X_i-\overline{X})^2$$

問題32

100個のデータからヒストグラムを描くと下の図が得られた。

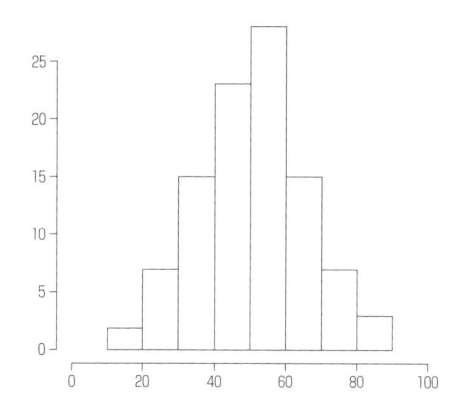

(1) 図から推測してデータの平均値は次のうちどれか。
① 35
② 80
③ 65
④ 50

(2) 図から推測してデータの標準偏差は次のうちどれか。
① 5
② 25
③ 15
④ 35

解答32 (1) ④ (2) ③
解説

(1)

　分布がほぼ左右対称、つまり歪み度がゼロに近い場合には平均値とメディアン、モードに大きな違いはない。歪みがあるときの平均値、メディアン、モードの大小関係については

　　モード≦メディアン≦平均値　あるいはモード≧メディアン≧平均値

であることが知られている。

(2)

　図のように概ね左右対称でベル型をしている分布では、最大値、最小値は標準偏差の3倍を超えることはほとんどない。最大値と最小値の差を5で割った値を標準偏差の目安として使えば大きな間違いはしないものである。上の図の場合は、最小値が10程度、最大値が90程度であるから、その差の80を5で割った16を標準偏差の目安とすればよい。サンプル数が少なければ5ではなく4で、サンプル数が多いときは6で割ってもよい。

問題33 下の図は、ある期間におけるアメリカ・ダウ平均株価の前日差の変動を示している。

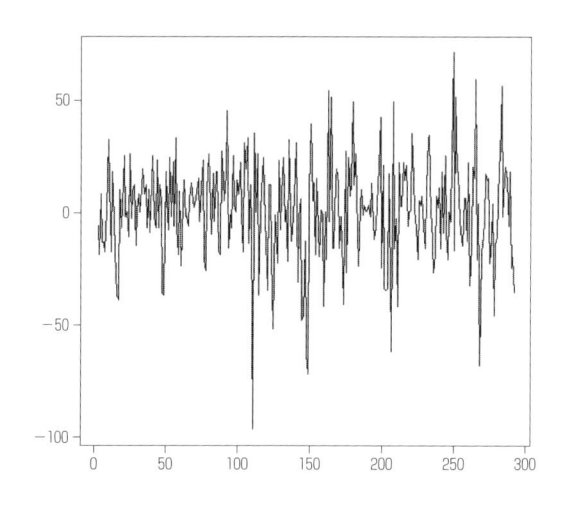

この図から推測して前日差の平均と標準偏差は次のうちどれか。
① それぞれ、20と20
② それぞれ、0と20
③ それぞれ、0と－20
④ それぞれ、－20と－20

問題34 5個のデータ1、3、5、7、9が得られている。このデータが母集団であると考えて標準偏差は次のうちどれか。

① 2
② $\sqrt{2}$
③ $2\sqrt{2}$
④ 4

解答33 ②

解説 図は前日差の頻度を描いたヒストグラムではない。しかし、全体を通して前日差はゼロを中心としてばらついているので、平均はゼロ程度だろうと推測がつく。標準偏差はばらつきの大きさの度合であり、ヒストグラムの広がりを伝えるものである。それゆえ、負の標準偏差は定義からあり得ない値である。

解答34 ③

解説 この5個のデータが母集団というのは、偶然の誤差が混じるサンプルではないという意味である。それゆえ、分散と標準偏差は平均二乗偏差とその平方根という定義に沿って求める。平均値が5なので、偏差は順に-4、-2、0、2、4となる。二乗偏差が16、4、0、4、16だから分散が8、その平方根は$\sqrt{8}=2\sqrt{2}$になる。

問題35

200人を対象に通勤時間（片道、分）を聞いたところ以下のような度数分布表が得られた。

通勤時間	割合（%）
0～20分未満	5
20～40分未満	10
40～60分未満	40
60～80分未満	35
80～100分未満	10

この結果から概算して通勤時間の平均値は次のうちどれか。

① 32分
② 40分
③ 57分
④ 63分

問題36

ある資格試験（900点満点）の受験者全員の平均点は500点、標準偏差は120点である。

(1) 得点700点の標準値は次のうちどれか。

① 1.67
② 78
③ 1.80
④ 620

(2) 得点620点の偏差値は次のうちどれか。なお偏差値とは平均値が50点、標準偏差が10点となる数値である。

① 60
② 50
③ 70
④ 40

解答35 ③

解説 元の200個のデータは手元にないので平均値を求めるとしても概算となる。5つのクラスが設けられている。その代表値は中位数を用いることが多いので、順に10分、30分、50分、70分、90分とする。これらに割合（小数値）をかけて合計するのが加重平均法である。同じ加重平均で分散と標準偏差を求めてみよう。（答：標準偏差は19.3分）

解答36 (1) ① (2) ①
解説
(1)

標準化の定義式は 標準値 $=\dfrac{\text{値}-\text{平均値}}{\text{標準偏差}}$ である。標準化したいデータ値が700点だから平均値を引いた偏差が200点。それを標準偏差120点で割ると1.67になる。

(2)

データを標準化すると、どんな平均値、標準偏差をもつ修正値にも換算することができる。計算の仕方は、以下のようになる。

修正値 ＝ 平均値 ＋ 標準偏差 × 標準値

元の得点620点の標準値は1.0であるから、平均値50点、標準偏差10点の偏差値に換算するには50＋10×1.00＝60のように計算する。

VI 統計と確率

問題37 ある投資プロジェクトの割引現在収益について以下のように見通している。

収益	確率
▲1億円	0.25
0.5億円	0.5
2億円	0.25

期待収益、および標準偏差で測ったリスクは次のうちどれか。
① 期待収益＝0.5億円、リスク＝1.1億円
② 期待収益＝0.3億円、リスク＝1.5億円
③ 期待収益＝0.8億円、リスク＝2億円
④ 期待収益＝0.5億円、リスク＝▲1億円

問題38 正規分布が当てはまるとき、平均値よりも標準偏差の2倍を超えるほど大きな値が出てくる確率は次のうちどれか。

① 約15％
② 約10％
③ 約5％
④ 約2.5％

問題39 正規分布が当てはまるとき、平均値よりも標準偏差の3倍を超えるほど小さい値が出てくる確率は次のうちどれか。

① 約1％
② 約0.5％
③ 約0.15％
④ 約0.01％

解答37 ①

解説 期待収益は予想される結果に確率をかけて合計すれば得られる。標準偏差を求めるには、分散（＝平均二乗偏差）をまず求め、その平方根をとる。収益のばらつきの尺度であるので「ボラティリティ」と呼ばれることが多いが、投資理論では危険性を測る指標として標準偏差を用いることが多い。

解答38 ④

解説 平均値を中央にして標準偏差の2倍以内の範囲を「2シグマ区間」と呼び、正規分布の場合には確率95％でこの区間内の結果が得られることになる。つまり2シグマ区間から外れる確率は、高い方で2.5％、低い方で2.5％だけある。
（注）厳密には、「1.96シグマ」が95％区間である。

解答39 ③

解説 正規分布が当てはまる場合、平均値を中心にしてばらつきが標準偏差の3倍以内である結果が得られる確率は99.7％である。それゆえ、平均値より標準偏差の3倍を超えるほど小さい値が出てくる確率は0.15％となる。

問題40

下の図は平均が170、標準偏差が10である正規分布で、180以上の部分には斜線をひいている。

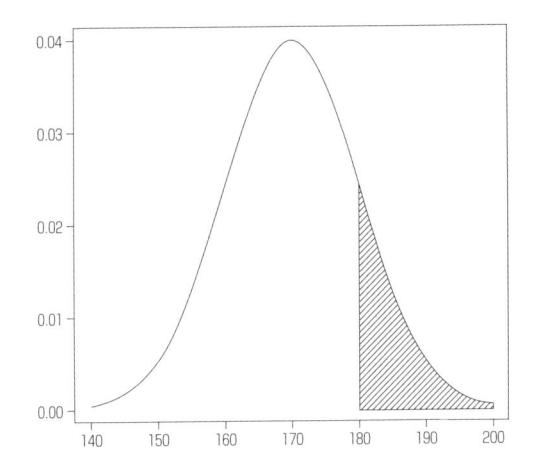

斜線部分の面積は次のうちどれか。。

① 0.20
② 0.33
③ 0.25
④ 0.16

問題41

母集団と標本の関係を正しく説明したものは次のうちどれか。

① 母集団を明確に定義すれば、そこから得られる標本の平均値や標準偏差も一意的に定まるものである。
② 標本が示す平均値や標準偏差は、定まった値にならないが母集団の平均値や標準偏差をある程度まで反映するものである。
③ 母集団の平均値や標準偏差は、集めた標本の平均値や標準偏差を計算すれば正確にわかるものである。
④ 母集団の平均値や標準偏差など分布の特性値は標本から知りようがない。

解答40 ④

解説 値180を標準化すると、以下のようになる。

$$Z = \frac{180-170}{10} = 1.0$$

正規分布の数値表から（あるいはエクセルやRなどを用いて）標準値1.0以上の結果が得られる確率は約0.16（＝16％）であることがわかる。

解答41 ②

解説 サンプルは一定の母集団から無作為に抜き取られた一部分である。それゆえ、母集団については平均値、標準偏差が定まった値をとっているが、サンプルは偶然の作用でいろいろなサンプルがあり得る。サンプルが示す平均値や標準偏差は確率的に異なった値をとると考えておかないといけない。言い換えると、サンプルの平均値や標準偏差は「サンプリング誤差」を含み、母集団の平均値や標準偏差に対して誤差をもっている。

第5章 ビジネス経済学・統計

問題42
あるレストランの売上げは毎日変動しているが、平均が10万円で標準偏差が２万円であることがわかっている。１ヶ月の売上げ合計は次のうちどれか。ただし、毎月の営業日は25日として計算する。

① 250万円になる確率が高い
② 230ないし270万円の範囲に収まる確率が高い
③ 200ないし300万円の範囲に収まる確率が高い
④ 248ないし252万円の範囲に収まる確率が高い

問題43
ある商店街でレストランを開業しようとしている人がいる。予定地の近くで16人のビジネスマンに、その日の昼食代を聞いてみたところ、平均値が830円、標本標準偏差が160円であった。平均値830円に含まれる標準誤差は次のうちどれか。

① 40円
② 30円
③ 20円
④ 10円

問題44
ある弁当屋のライスを無作為に９個買ってきて重さを測ったところ、平均値が250グラム、標準偏差が３グラムだった。その店で売っているライス全部を母集団とするとき、母集団の平均値は次のうちどれか。なお、信頼係数は95％として推定する。

① 245ないし255グラム
② 248ないし252グラム
③ 247ないし253グラム
④ 250グラムと推定して十分正しい

解答42 ②

解説 わかっているのは毎営業日の売上げの平均値が10万円であること。8万円ないし12万円程度の幅でばらついていること。この2点である。25営業日の合計は、したがって確定的にはいえない。ゆえに、期待値（平均値）と標準偏差の2つを出しておく。N個のサンプルの合計値については以下の式で求める。

$$期待値 = N \times 1個ずつの期待値$$
$$標準偏差 = \sqrt{N} \times 1個ずつの標準偏差$$

期待値は10万円に日数をかけて250万円。標準偏差は2万円に$\sqrt{25}$をかけて10万円を得る。正規分布が概ね当てはまっていると考えて、標準偏差の2倍程度のばらつきまで「ありうる」とすれば、確率95％で理にかなった予測になる。実際、偶然による変動には正規分布を当てはめることが多い。

解答43 ①

解説 サンプルの平均値に含まれる標準誤差は以下の式で得られる。

$$標準誤差 = \frac{データのばらつき}{\sqrt{データ数}}$$

標本標準偏差はデータの標準偏差のことであるが、ただし分散として不偏分散を用いている。データ自体に160円程度のばらつきがあるので、データの平均値には$\frac{160}{\sqrt{16}} = 40$　すなわち、±40円ないしその2倍である±80円程度までの誤差を考慮するべきだという見方が合理的である。

解答44 ②

解説 平均値250グラムに含まれている標準誤差は上の問題と同じようにすれば$\frac{3}{\sqrt{9}} = 1$グラム　信頼係数が95％、つまり確率95％まで可能性をカバーするには、標準誤差の2倍以内の誤差まで考慮すればよい。

問題45

無作為に300人をとって、ある人気ドラマをみているか、みていないかを聞いたところ100人は「みている」と答えた。この結果に含まれる標準誤差は次のうちどれか。

① 0.5％程度
② 1.2％程度
③ 2.7％程度
④ 5 ％程度

問題46

ある食品に発ガン性があるかどうかを統計的に検定しようとしている。帰無仮説は「発ガン性はない」とする。消費者の安全を重視するために沿う適切な考え方は次のうちどれか。

① 有意水準を高くする。そうすれば第1種の誤りをおかす確率は高くなるが、第2種の誤りをおかす確率を低くできるからである。
② 有意水準を高くする。そうすれば第2種の誤りをおかす確率は高くなるが、第1種の誤りをおかす確率を低くできるからである。
③ 有意水準を低くする。そうすれば第1種の誤りをおかす確率は高くなるが、第2種の誤りをおかす確率を低くできるからである。
④ 有意水準を低くする。そうすれば第2種の誤りをおかす確率は高くなるが、第1種の誤りをおかす確率を低くできるからである。

解答45　③

解説　サンプルから視聴率や△△支持率などの割合を推定するときも、やはり誤差を考慮する必要がある。このときの標準誤差の求め方は以下のとおり。

$$標準誤差 = \sqrt{\frac{1}{サンプル数} \times 割合 \times (1-割合)}$$

ただし割合は小数値。パーセントで割合を表す場合は2つ目の括弧を $(100-割合)$ とする。上の場合は、$\frac{1}{300} \times \frac{100}{300} \times \left(1-\frac{100}{300}\right)$ の平方根をとればよいので約0.027、つまり2.7％程度の標準誤差がある。

解答46　①

解説　第1種の誤りはよく「生産者危険」と呼ばれており、第2種の誤りは「消費者危険」と呼ばれている。企業側の負担ではなく、消費者の安全を重視するなら、厳しい検査が求められる。棄却域を大きくとって有意水準を高くすると厳しい検査になる。こうすれば、わずかな違いであっても「正常ではない」と判定されるので、危険な食品を検出する確率は高くなるが（第2種の誤りを防ぐ）、正常な食品を「発がん性あり」と誤判定する確率が高まる（第1種の誤りの増加）。

問題47

ある美容室で割引サービスを始めた。割引を始めてから16日間の来客数は平均で15人／日、標本標準偏差は2人だった。割引サービスを始めるまでは平均で13人／日だった。割引サービスで判断できたことは次のうちどれか。

① 有意水準5％で、「客は増えていない」。
② 有意水準5％で、「客が増えている」とはいえないが、仮に増えているとしてもデータが少ないので確認できていない可能性が高い。
③ 有意水準5％で、「客が増えた」と判断できる。
④ そもそも16日程度の期間で割引の効果があるかどうかを判断するのは無理である。

問題48

以下の散布図について正しく説明しているものは次のうちどれか。

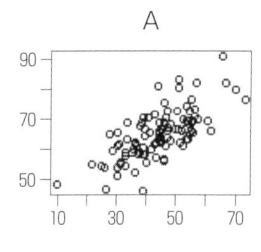

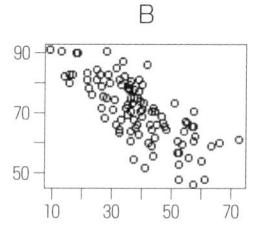

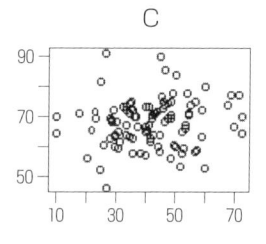

A B C

① AはBよりも強い相関を示しているが、Cの相関の方がAよりも強い。
② Aは正の相関を示しており、BとCは明らかに負の相関を示している。
③ AとBはプラスの相関を示しているが、Cには相関がみられない。
④ Aは正の相関、Bは負の相関、Cは無相関を示している。

解答47 ③

解説 16日間の平均値には誤差が含まれているが、それでも割引サービスを始めて以降の平均来客数を反映している点に間違いはない。16日の平均値に含まれる標準誤差は以下のようになる。

$$\frac{2}{\sqrt{16}} = 0.5 人$$

もし割引きが来客に影響がないなら、平均来客数はそれまでと同じで13人のはずである。しかし割引開始後16日間の平均は15人である。仮に帰無仮説を「割引には効果なし」とすれば、誤差はプラス2人である。これは標準誤差0.5人の4倍に達することになり、これだけ大きな誤差がサンプルから得られるとは納得しがたい。よって、「割引には効果なし」という判定は受け入れられない。

解答48 ④

解説 2つの変量の相関をみるには「方向」と「強さ」に着目する。「関係の強さ」は相関係数で表されるが、Aのような場合は相関係数がプラスの値になる。Bは相関係数がマイナスの値となる。Cは無相関の場合であり、一方の変量が増加するとき、他方が増えるとも減るともいえない。相関がないとき、相関係数は0になる。

問題49

相関係数について正しく説明しているものは次のうちどれか。

① 相関係数は、測定単位の影響を受ける。たとえば身長をメートルで測るか、センチで測るかで相関係数の値は変わる。
② 相関係数は、測定単位には影響されないが、どちらを散布図の横軸とし、どちらを縦軸とするかで値が変わるものである。
③ 相関係数がほとんどゼロであっても、2つの変量に強い関係がある場合がある。
④ 相関係数の値が負の値を示せば、それは2つの変量の相関が弱いことを意味する。

問題50

2つの変量の関係を回帰分析するときの正しい説明は次のうちどれか。

① 決定係数が0.8であるとき、それはX変量が1増えるとき、Y変量が0.8増えることを意味する。
② 回帰直線は、2つの変量のどちらをX変量に、どちらをY変量にするかで変わるものではない。
③ データ数を十分多く増やせば、X変量がY変量に与える効果の大きさが正確にわかってくるので、決定係数は1に近づく。
④ データ数が増えるにしたがって回帰係数に含まれる標準誤差は小さくなる。

解答49 ③

解説 相関係数は共分散を2つの変量の標準偏差で割った値のことである。共分散は以下のように計算される。

$$X と Y の共分散 = \frac{1}{N}\sum_{i=1}^{N}(X_i-\overline{X})(Y_i-\overline{Y})$$

共分散はXとYの測定単位に影響されるが、同じ影響をうける標準偏差で割ることによって、相関係数は測定単位から無関係になる。また計算式からわかるように、どちらのデータをX変量、Y変量と対応づけても、相関係数の値は変わらない。また相関係数は、直線関係の強さを数値化するもので、二次曲線などY変量とX変量の間に複雑な関係があっても相関係数の高さには表れないこともある。

解答50 ④

解説 2種類のデータの一方をX変量、他方をY変量として、回帰直線Y＝a＋bXをデータから求める場合、回帰係数aとbは次のように計算すればよい。

$$b = \frac{S_{xy}}{S_{xx}}$$

$$a = \overline{Y} - b\overline{X}$$

ただし、S_{xy}はX変量とY変量の共分散、S_{xx}はX変量の分散を表す記号である。こうしてデータから切片と傾きが計算されるが、サンプルの結果には常に誤差が混じるものである。そしてサンプルに含まれる誤差はサンプル数を増やせば小さくすることができる。この点は、サンプルから平均値や標準偏差を求めるときの論理とまったく同じである。「サンプルを増やせば、増やした分だけ正確なことがわかる」というのは、統計分析全体を貫く要請であり、ほぼ常に妥当である法則である。

参考文献

(五十音順)

第1章　戦略

アーカー，D. A. (野中郁次郎他訳)『戦略市場経営』ダイヤモンド社，1986年．
アンゾフ，H. I. (広田寿亮訳)『企業戦略論』産業能率短期大学出版部，1969年．
アンドリュース，K. R. (山田一郎訳)『経営戦略論』産業能率大学出版部，1976年．
伊丹敬之『経営戦略の論理 (第3版)』日本経済新聞社，2003年．
内田和成『デコンストラクション経営革命』日本能率協会マネジメントセンター，1998年．
エーベル，D. F. (石井淳蔵訳)『事業の定義』千倉書房，1984年．
グロービス・マネジメント・インスティテュート編『MBA経営戦略』ダイヤモンド社，1999年．
榊原清則『企業ドメインの戦略論』中央公論新社，2001年．
高橋伸夫『経営の再生』有斐閣，1995年．
チャンドラー，A. D., Jr. (有賀裕子訳)『組織は戦略に従う』ダイヤモンド社，2004年．
バーニー，J. B. (岡田正大訳)『企業戦略論 (上)(中)(下)』ダイヤモンド社，2003年．
パイン，B. J. (江夏健一他訳)『マス・カスタマイゼーション革命』日本能率協会，1994年．
ハメル，G.・プラハラード，C. K. (一条和生訳)『コアコンピタンス経営』日本経済新聞社，2001年．
プラハラード，C. K.・ハメル，G.「ストラテジック・インテント」『DIAMONDハーバード・ビジネス・レビュー』2006年．
ポーター，M. E. (土岐坤他訳)『競争の戦略』ダイヤモンド社，1982年．
ポーター，M. E. (土岐坤他訳)『競争優位の戦略』ダイヤモンド社，1985年．
マイルズ，R. E.・スノー，C. C. (土屋守章他訳)『戦略型経営』ダイヤモンド社，1983年．
水越　豊『BCG戦略コンセプト』ダイヤモンド社，2003年．
ミンツバーグ，H.・アルストランド，B.・ランペル，J. (斎藤嘉則監訳)『戦略サファリ』東洋経済新報社，1999年．

第2章　マーケティング

青木幸弘・恩蔵直人『製品・ブランド戦略』有斐閣，2004年．

アーカー，D. A.（陶山計介他訳）『ブランド・エクイティ戦略』ダイヤモンド社，1994年．
上田隆穂・守口　剛『価格・プロモーション戦略』有斐閣，2004年．
高田博和・奥瀬喜之・上田隆穂・内田学『マーケティングリサーチ入門』PHP研究所，2008年．
片桐誠士・高宮城朝則・東　徹編『現代マーケティングの構図』嵯峨野書院，2000年．
グロービス・マネジメント・インスティテュート編『新版MBAマーケティング』ダイヤモンド社，2005年．
コトラー，P.・ケラー，K. L.（月谷真紀訳）『コトラー&ケラーのマーケティング・マネジメント』ピアソン・エデュケーション，2008年．
コトラー，P.（月谷真紀訳）『コトラーのマーケティング・マネジメント（ミレニアム版）』ピアソン・エデュケーション，2001年．
コトラー，P.（和田充夫他訳）『マーケティング原理（第8版）』ダイヤモンド社，1983年．
小林　哲・南知惠子『流通・営業戦略』有斐閣，2004年．
レビット，T.（土岐　坤訳）『マーケティング発想法』ダイヤモンド社，1971年．

第3章　組織行動と人的資源管理

金井壽宏『変革型ミドルの探求：戦略・革新指向の管理者行動』白桃書房，1991年．
グロービス・マネジメント・インスティテュート編『MBA人材マネジメント』ダイヤモンド社，2002年．
経営能力開発センター編『経営学検定試験公式テキスト・人的資源管理』中央経済社，2004年．
Diamondハーバードビジネスレビュー編集部編訳『動機づける力』ダイヤモンド社，2005年．
高木晴夫監修・慶応義塾大学ビジネススクール編『人的資源マネジメント戦略』有斐閣，2004年．
丹野義彦『性格の心理』（コンパクト新心理学ライブラリ5）サイエンス社，2003年．
ハーズバーグ，F.（北野利信訳）『仕事と人間性　動機づけ：衛生理論の新展開』東洋経済新報社，1968年．
マグレガー，D.（高橋達男訳）『企業の人間的側面：統合と自己統制による経営（新版）』産能大学出版部，1970年．
マズロー，A. H.（小口忠彦訳）『人間性の心理学：モチベーションとパーソナリティ（改訂版）』産業能率大学出版部，1987年．
ロビンス，S. P.（高木晴夫監訳）『組織行動のマネジメント』ダイヤモンド社，1997年．

レヴィン，K（猪股佐登留訳）『社会科学における場の理論』誠信書房，1956年。
ワグナー，A.・ワグナー，D.（諸永好孝訳）『よりよい人間関係とコミュニケーションスキル』チーム医療，2000年。
ワグナー，A.（諸永好孝・稲垣行一郎共訳）『マネジメントの心理学』社会思想社，1987年。

第4章　会計・財務

Anthony, R. N., D. F. Hawkins and K. A. Merchant, Accounting: Text & Cases, McGraw-Hill, 13th ed., 2010.
伊藤邦雄『ゼミナール現代会計入門（第9版）』日本経済新聞出版社，2012年。
岡本　清『原価計算（六訂版）』国元書房，2000年。
小樽商科大学ビジネススクール編『MBAのための財務会計：基礎から国際会計基準まで（三訂版）』同文舘出版，2014年。
桜井久勝『財務会計講義（第15版）』中央経済社，2014年。
廣本敏郎『原価計算論（第2版）』中央経済社，2008年。

第5章　ビジネス経済学・統計

小樽商科大学ビジネススクール編『MBAのための企業家精神講義』同文舘出版，2012年。
梶井厚志『戦略的思考の技術：ゲーム理論を実践する』中央公論新社，2002年。
ディキシット，A.・ネイルバフ，B. 著『戦略的思考をどう実践するか：エール大学式「ゲーム理論」の活用法』阪急コミュニケーションズ，2010年。
西内啓『統計学が最強の学問である：データ社会を生き抜くための武器と教養』ダイヤモンド社，2013年。
丸山雅祥『経営の経済学』有斐閣，2005年。
宮沢健一編『産業連関分析入門（第7版）』日本経済新聞社，2002年。
吉田耕作『直感的統計学』日経BP出版センター，2006年。

〈執筆者一覧〉（五十音順）

近藤　公彦（こんどう　きみひこ）2章
　小樽商科大学ビジネススクール（専門職大学院）教授
　神戸大学大学院経営学研究科博士後期課程単位取得退学。

堺　昌彦（さかい　まさひこ）4章
　小樽商科大学ビジネススクール（専門職大学院）准教授
　一橋大学大学院商学研究科博士後期課程単位取得退学。博士（商学）一橋大学。

瀬戸　篤（せと　あつし）5章
　小樽商科大学ビジネススクール（専門職大学院）教授
　北海道大学大学院農学研究科博士後期課程修了。博士（農学）北海道大学
　北海道電力㈱等を経て現職。

玉井　健一（たまい　けんいち）1章
　小樽商科大学ビジネススクール（専門職大学院）教授
　広島大学大学院社会科学研究科博士後期課程単位取得退学。

出川　淳（でがわ　あつし）3章
　小樽商科大学ビジネススクール（専門職大学院）教授
　早稲田大学大学院理工学研究科博士前期課程修了後，
　㈱三菱総合研究所を経て現職。

簱本　智之（はたもと　さとし）4章
　小樽商科大学ビジネススクール（専門職大学院）教授
　一橋大学大学院商学研究科博士後期課程単位取得退学。

西山　茂（にしやま　しげる）5章
　小樽商科大学ビジネススクール（専門職大学院）教授
　慶應義塾大学大学院経済学研究科博士課程中退。
　経済企画庁（現・内閣府）等を経て現職。

小樽商科大学ビジネススクール
(正式名称：小樽商科大学大学院商学研究科アントレプレナーシップ専攻)

　国立大学唯一の商学系単科大学である小樽商科大学が母体となり，2004年4月に創設された専門職大学院。ＭＢＡ（経営管理修士）を取得できるプロフェッショナル・スクールとしては，東北・北海道圏で初めて認可され，2014年3月には大学基準協会より2度目の経営系専門職大学院認証評価を得た。

　ビジネススクールのコンセプトは，新規事業開発，組織変革，ベンチャー起業を含む広い意味での「事業創造力」を育成する点にある。カリキュラムでは，戦略・会計・財務・マーケティング・組織・人的資源管理といった幅広い経営管理の知識を身につけたうえで，「ケース分析能力」と「ビジネスプラン作成能力」を高めることを重視している。

ホームページ：http://www.otaru-uc.ac.jp/master/bs/index.htm

平成21年11月20日	初　版　発　行	
平成25年7月5日	初版3刷発行	
平成26年9月30日	改訂版発行	
令和7年11月10日	改訂版27刷発行	略称：MBA問題集(改)

MBAのための基本問題集
（改訂版）

編　者　Ⓒ小樽商科大学ビジネススクール

発行者　中　島　豊　彦

発行所　同文舘出版株式会社
　　　　東京都千代田区神田神保町1-41　〒101-0051
　　　　営業（03）3294-1801　編集（03）3294-1803
　　　　振替 00100-8-42935　https://www.dobunkan.co.jp

Printed in Japan 2014　　　　　　　　　製版　一企画
　　　　　　　　　　　　　　　印刷・製本　萩原印刷

ISBN978-4-495-37872-1

JCOPY〈出版者著作権管理機構 委託出版物〉
本書の無断複製は著作権法上での例外を除き禁じられています。複製される場合は，そのつど事前に，出版者著作権管理機構（電話 03-5244-5088，FAX 03-5244-5089，e-mail: info@jcopy.or.jp）の許諾を得てください。

本書とともに
"MBAのための" シリーズ
小樽商科大学ビジネススクール編

ケース分析
（三訂版）

A5判　224頁
税込 2,530円
（本体 2,300円）
2020年7月発行

ビジネスプランニング
（改訂版）

A5判　204頁
税込 2,530円
（本体 2,300円）
2012年1月発行

ビジネスプランニング手法

A5判　264頁
税込 2,750円
（本体 2,500円）
2010年9月発行

財務会計
（三訂版）

A5判　304頁
税込 2,970円
（本体 2,700円）
2014年1月発行

企業家精神講義

A5判　250頁
税込 2,530円
（本体 2,300円）
2012年8月発行

ビジネスエコノミクス

A5判　260頁
税込 2,530円
（本体 2,300円）
2012年4月発行

組織行動マネジメント

A5判　210頁
税込 2,530円
（本体 2,300円）
2009年7月発行

ERP

A5判　176頁
税込 2,530円
（本体 2,300円）
2007年7月発行